EBS랑 홈스쿨 초등 영어

HOME SCHOOL

초등 영독해 LEVEL 3

⬇ 정답과 해설은 EBS 초등사이트(primary.ebs.co.kr)에서 다운로드 받으실 수 있습니다.

교재 내용 문의
교재 내용 문의는 EBS 초등사이트 (primary.ebs.co.kr)의 교재 Q&A 서비스를 활용하시기 바랍니다.

교재 정오표 공지
발행 이후 발견된 정오 사항을 EBS 초등사이트 정오표 코너에서 알려 드립니다.
강좌/교재 → 교재 로드맵 → 교재 선택 → 정오표

교재 정정 신청
공지된 정오 내용 외에 발견된 정오 사항이 있다면 EBS에 알려 주세요.
강좌/교재 → 교재 로드맵 → 교재 선택 → 교재 Q&A

EBS랑 홈스쿨 초등 영어

HOME SCHOOL

초등 영독해 LEVEL 3

이 책의 **구성과 활용법**

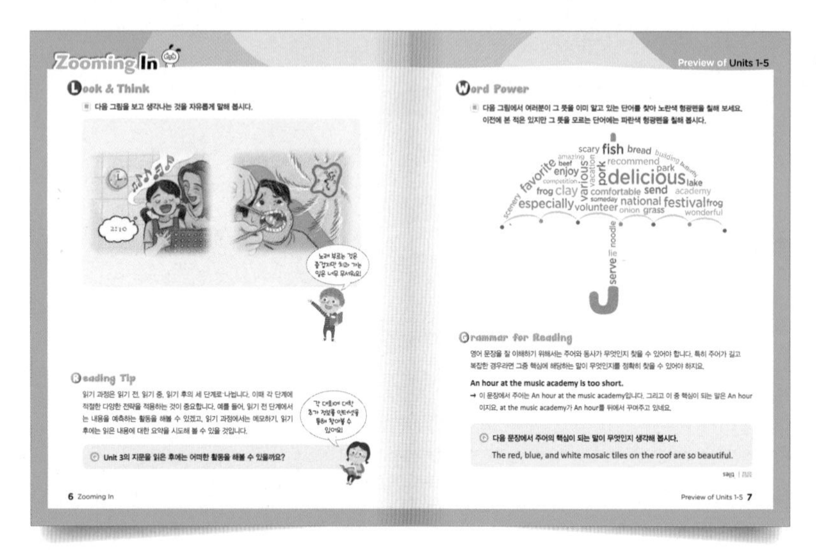
Zooming In

Preview of Units 1-5

Look & Think

다음 그림을 보고 생각나는 것을 자유롭게 말해 봅시다.

Word Power

scary fish bread building recommend park beef enjoy amazing favorite various vacation book delicious lake frog clay comfortable send academy especially someday national festival frog volunteer onion grass wonderful scenery serve noodle

Grammar for Reading

An hour at the music academy is too short.

Reading Tip

Unit 3의 지문을 읽은 후에는 어떠한 활동을 해볼 수 있을까요?

다음 문장에서 주어의 핵심이 되는 말이 무엇인지 생각해 봅시다.

The red, blue, and white mosaic tiles on the roof are so beautiful.

6 Zooming In

Preview of Units 1-5 7

Zooming In

5개 Unit을 학습하기 전, Reading에 등장하는 그림과 다양한 읽기 방법을 활용하여 어떤 내용의 글인지 미리 파악해 보고, 읽기를 위해 필요한 단어와 문장 구조에 대해 생각해 봅니다.

---

❸ 지문 듣기 QR 코드

스마트폰으로 **QR** 코드를 스캔하면 원어민이 지문을 읽어 주는 **MP3** 음원이 재생됩니다. 반복해 들으면서 영어 듣기 실력을 향상해 봅니다.

Reading

20개 Unit을 학습하는 동안 다양한 주제의 흥미로운 글을 읽게 됩니다. 생생한 그림, 사진 자료와 함께 즐겁게 영어 읽기를 해 봅니다.

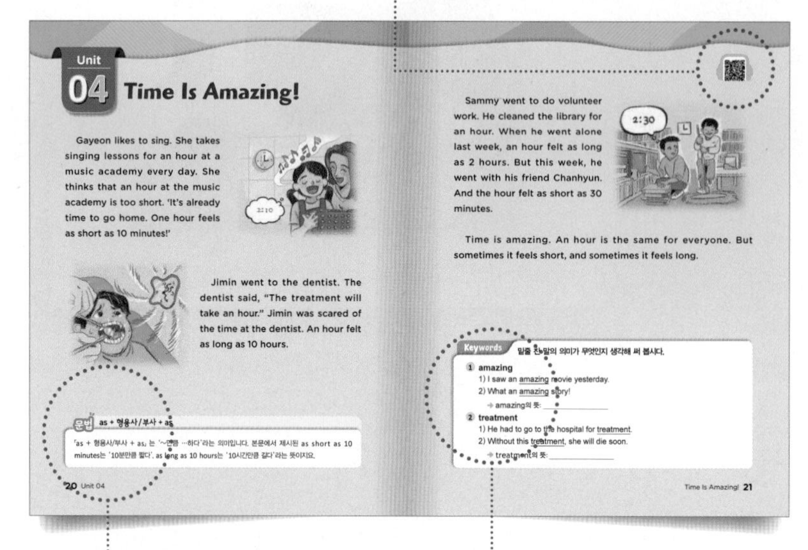
Unit 04 Time Is Amazing!

Gayeon likes to sing. She takes singing lessons for an hour at a music academy every day. She thinks that an hour at the music academy is too short. 'It's already time to go home. One hour feels as short as 10 minutes!'

Jimin went to the dentist. The dentist said, "The treatment will take an hour." Jimin was scared of the time at the dentist. An hour felt as long as 10 hours.

Sammy went to do volunteer work. He cleaned the library for an hour. When he went alone last week, an hour felt as long as 2 hours. But this week, he went with his friend Chanhyun. And the hour felt as short as 30 minutes.

Time is amazing. An hour is the same for everyone. But sometimes it feels short, and sometimes it feels long.

문법 as + 형용사/부사 + as

Keywords 밑줄 친 말의 의미가 무엇인지 생각해 써 봅시다.

① amazing
1) I saw an amazing movie yesterday.
2) What an amazing story!
→ amazing의 뜻: ______

② treatment
1) He had to go to the hospital for treatment.
2) Without this treatment, she will die soon.
→ treatment의 뜻: ______

20 Unit 04

Time Is Amazing! 21

❶ 배경지식 / 어휘 / 문법 / 문화

글의 내용과 관련된 배경지식, 어휘, 문법, 또는 문화와 관련된 정보를 통해 글을 더 깊이 이해해 봅니다.

❷ Keywords

글에 등장하는 중요 단어의 뜻을 문장 속의 의미를 생각하며 파악해 봅니다.

After You Read

글을 다 읽은 후 글의 내용을 잘 이해했는지 확인하는 단계입니다. 다양한 **Post-reading** 활동을 통해 직접 문제를 풀어 보면서 글의 내용과 문장의 의미를 더 정확하게 이해해 봅니다.

Vocabulary Practice

재미있는 단어 활동을 통해 각 **Unit**에서 반드시 알아야 할 단어의 의미와 스펠링을 확실하게 익혀 봅니다.

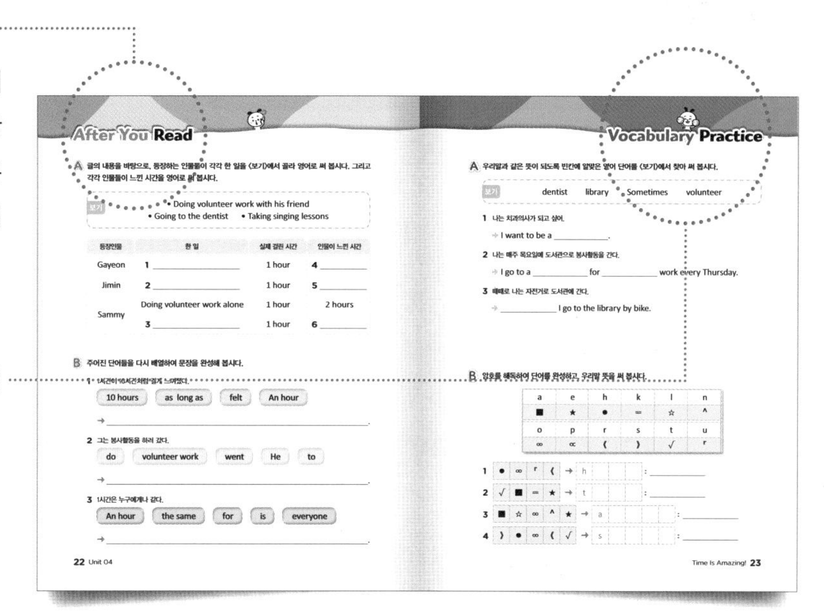

eWorkbook [온라인 부가자료(PDF)]

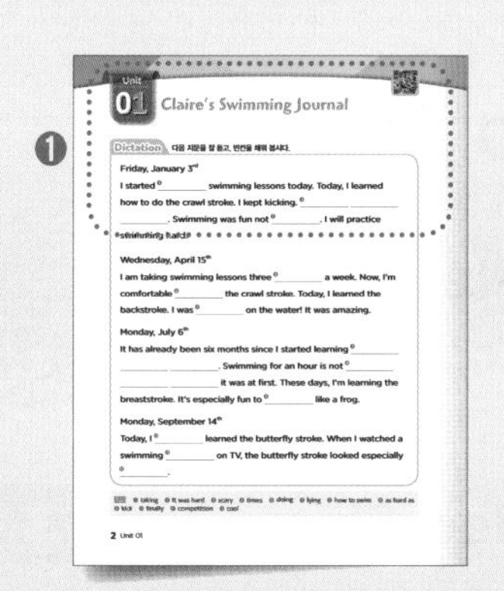

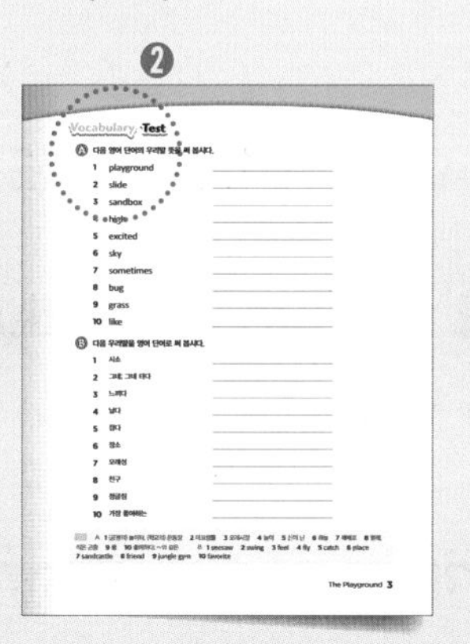

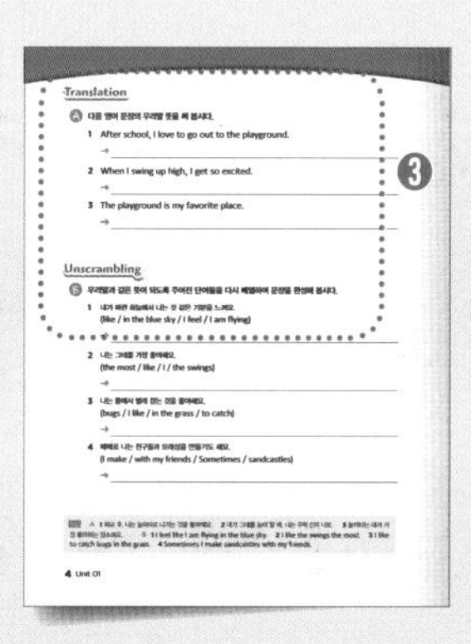

❶ **Dictation** 본 교재에 수록된 지문을 활용한 받아쓰기 활동으로 영어 듣기 실력을 향상할 수 있습니다.
* Worksheet의 QR 코드를 태그하면 바로 지문을 들을 수 있어요!

❷ **Vocabulary Test** 단어 테스트(영한/한영)를 통해 본 교재에서 학습한 단어의 뜻을 잘 기억하는지 확인할 수 있습니다.

❸ **Translation & Unscrambling** 본 교재에 수록된 지문 속 문장을 우리말로 해석하는 Translation, 주어진 단어를 배열하여 문장을 완성하는 Unscrambling 활동으로 영어 문장에 더욱 친숙해질 수 있습니다.

- **Study Plan**: 내 학습상황에 맞게 **40-day, 20-day** 중 하나를 선택해서 학습 진도를 체크해 봅니다.
- **Study Log**: 오늘 학습한 내용을 직접 기록해 보면서 새로 학습한 내용, 어려웠던 내용을 다시 되짚어 봅니다.

※ **EBS 초등사이트(primary.ebs.co.kr)에서 PDF 제공**

이 책의 **차례**

CONTENTS

Look & Think

■ **다음 그림을 보고 생각나는 것을 자유롭게 말해 봅시다.**

2:10
노래 부르는 것은
즐겁지만 치과 가는
일은 너무 무서워요!

Reading Tip

읽기 과정은 읽기 전, 읽기 중, 읽기 후의 세 단계로 나뉩니다. 이때 각 단계에 적절한 다양한 전략을 적용하는 것이 중요합니다. 예를 들어, 읽기 전 단계에서는 내용을 예측하는 활동을 해볼 수 있겠고, 읽기 과정에서는 메모하기, 읽기 후에는 읽은 내용에 대한 요약을 시도해 볼 수 있을 것입니다.

각 대회에 대한
추가 정보를 인터넷을
통해 찾아볼 수
있어요!

Q Unit 3의 지문을 읽은 후에는 어떠한 활동을 해볼 수 있을까요?

Word Power

■ 다음 그림에서 여러분이 그 뜻을 이미 알고 있는 단어를 찾아 노란색 형광펜을 칠해 보세요. 이전에 본 적은 있지만 그 뜻을 모르는 단어에는 파란색 형광펜을 칠해 봅시다.

Grammar for Reading

영어 문장을 잘 이해하기 위해서는 주어와 동사가 무엇인지 찾을 수 있어야 합니다. 특히 주어가 길고 복잡한 경우라면 그중 핵심에 해당하는 말이 무엇인지를 정확히 찾을 수 있어야 하지요.

An hour at the music academy is too short.

→ 이 문장에서 주어는 An hour at the music academy입니다. 그리고 이 중 핵심이 되는 말은 An hour이지요. at the music academy가 An hour를 뒤에서 꾸며주고 있네요.

Ⓠ **다음 문장에서 주어의 핵심이 되는 말이 무엇인지 생각해 봅시다.**

The red, blue, and white mosaic tiles on the roof are so beautiful.

정답 | tiles

Unit 01

Claire's Swimming Journal

Friday, January 3rd

I started taking swimming lessons today. Today, I learned how to do the crawl stroke. I kept kicking. It was hard. Swimming was fun not scary. I will practice swimming hard.

crawl stroke

Wednesday, April 15th

I am taking swimming lessons three times a week. Now, I'm comfortable doing the crawl stroke. Today, I learned the backstroke. I was lying on the water! It was amazing.

backstroke

* crawl stroke 크롤 영법(자유형에서 가장 흔히 사용됨)
* backstroke 배영

배경지식 자유형 레이스에서 흔히 사용하는 크롤 영법

우리가 보통 자유형(freestyle stroke)이라고 부르는 것은 크롤 영법(crawl stroke)을 말한답니다. 크롤 영법은 두 팔을 끊임없이 교대로 움직이며 물을 저어가고 두 다리는 상하로 움직여 계속적인 추진력을 얻을 수 있어 가장 빠른 영법이라고 알려져 있어요.

Monday, July 6th

It has already been six months since I started learning how to swim. Swimming for an hour is not as hard as it was at first. These days, I'm learning the breaststroke. It's especially fun to kick like a frog.

breaststroke

Monday, September 14th

Today, I finally learned the butterfly stroke. When I watched a swimming competition on TV, the butterfly stroke looked especially cool.

butterfly stroke

* breaststroke 평영
* butterfly stroke 접영

Keywords 밑줄 친 말의 의미가 무엇인지 생각해 써 봅시다.

1 take

1) She takes a computer course.

2) Would you like to take a math class with me?

→ take의 뜻: ____________________

2 practice

1) He is practicing for his piano performance.

2) She wants to practice her English with me.

→ practice의 뜻: ____________________

After You Read

A 주인공이 배운 수영 영법과 날짜를 순서대로 한글로 써 봅시다.

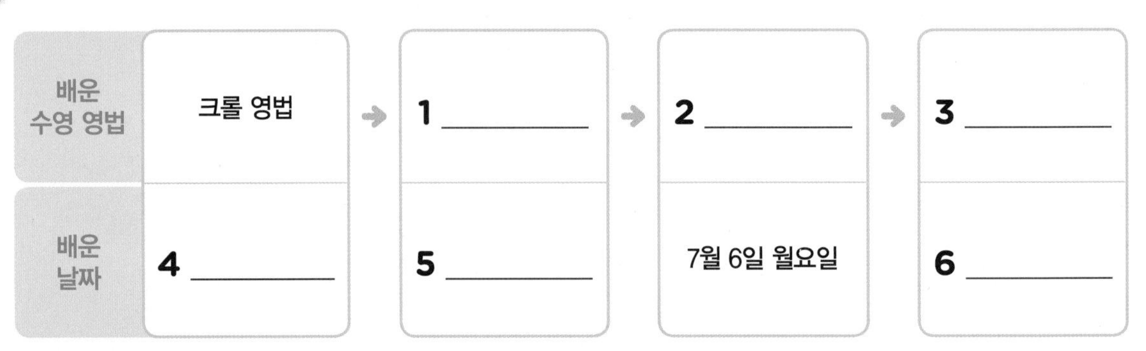

배운 수영 영법	크롤 영법	→	1 ________	→	2 ________	→	3 ________
배운 날짜	4 ________		5 ________		7월 6일 월요일		6 ________

B 글의 내용을 바탕으로, 알맞은 그림을 찾아 연결해 봅시다.

1 I learned this stroke first. •

2 It was fun to kick like a frog. •

3 I was lying on the water. •

4 It looked especially cool. •

• 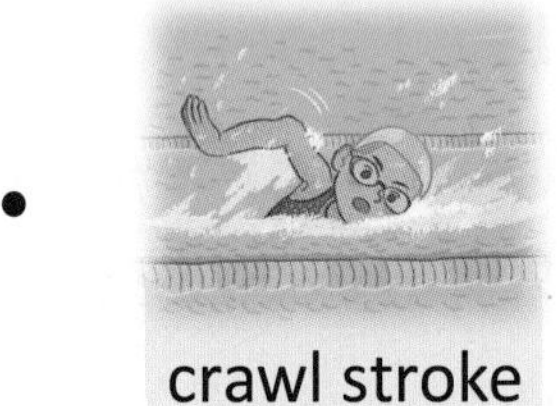
crawl stroke

• backstroke

• breaststroke

• butterfly stroke

Vocabulary Practice

A 단어의 뜻을 보고 숨겨진 단어를 찾아 표시하고 빈칸에 써 봅시다.

q	w	e	r	t	y	u	c	i	o
a	s	d	f	g	h	j	o	k	l
z	x	c	v	b	n	m	m	l	k
q	b	u	t	t	e	r	f	l	y
a	m	n	b	v	c	x	o	z	a
m	l	k	j	h	g	f	r	d	s
a	p	o	i	u	y	t	t	r	e
z	q	m	n	b	v	c	a	x	z
i	l	k	j	h	g	f	b	a	p
n	k	j	h	g	q	w	l	i	e
g	t	g	b	y	h	n	e	w	s

1 굉장한 am__________

2 나비 bu__________

3 편안한 co__________

4 누워 있다, 눕다 li__________

B 〈보기〉에 있는 모음 알파벳 중 알맞은 것을 찾아 단어를 완성하고, 우리말 뜻을 써 봅시다.

보기: a a e e e i i i o o o

1 f r ☐ g: __________

2 s c ☐ ry: __________

3 ☐ s p ☐ c ☐ ☐ l l y: __________

4 c ☐ m p ☐ t ☐ t ☐ ☐ n: __________

Unit 02 May I Take Your Order?

This week is our school festival. It's lunch time now. There are various foods. Let's go and see them!

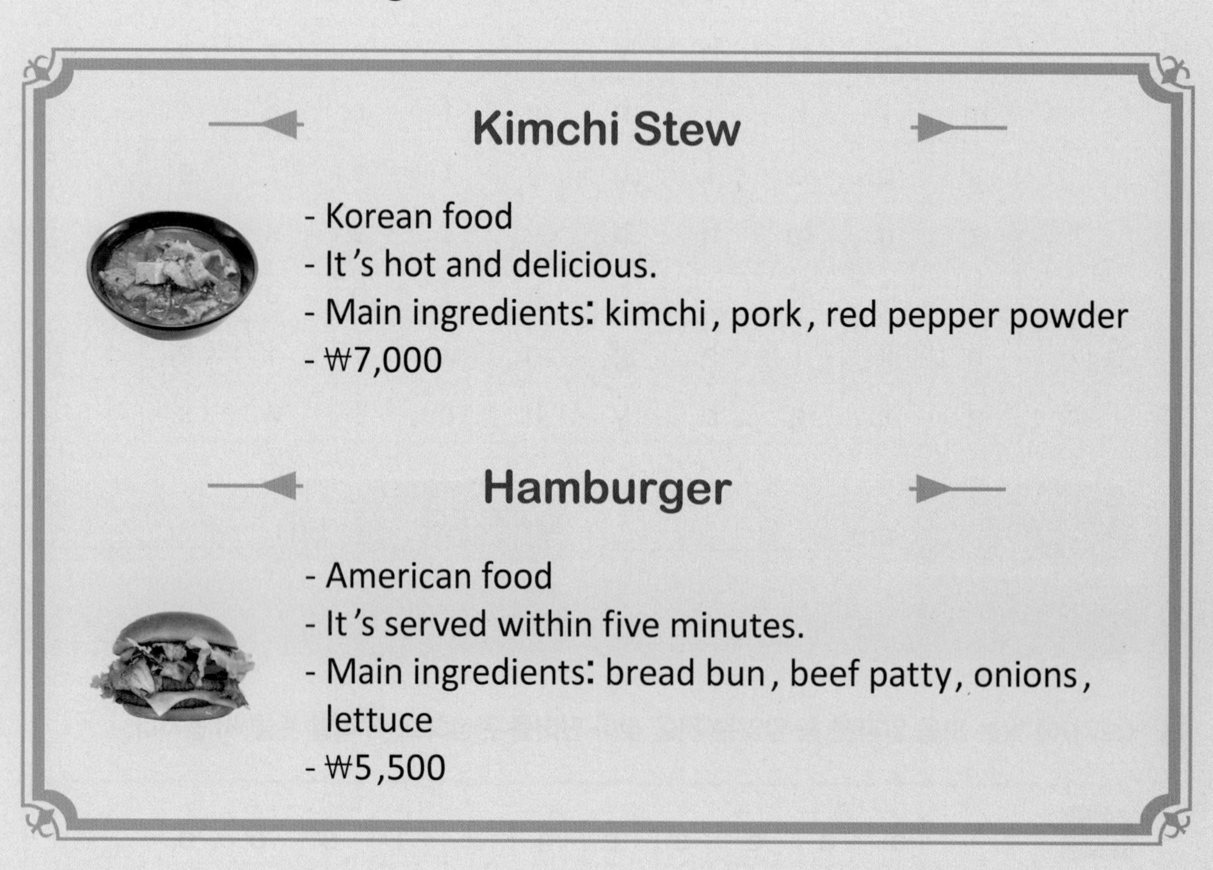

Kimchi Stew
- Korean food
- It's hot and delicious.
- Main ingredients: kimchi, pork, red pepper powder
- ₩7,000
Hamburger
- American food
- It's served within five minutes.
- Main ingredients: bread bun, beef patty, onions, lettuce
- ₩5,500

어휘 For sale과 On sale

여러분이 물건을 살 때 흔히 볼 수 있는 표현으로 For sale과 On sale이 있어요. 두 표현의 차이는 무엇일까요? For sale은 '판매 중'이라는 뜻으로, 할인의 의미는 없어요. 물건을 판매하려고 내놓은 것이지요. 이에 비해, On sale은 '판매 중'이라는 뜻도 있고 '할인 중'이라는 뜻도 있지만, 주로 '할인 중'이라는 의미로 사용합니다.

Sushi

- Japanese food
- It has various fish.
- Main ingredients: rice, fish
- ₩9,000

Today it's 20% off!

Spaghetti

- Italian food
- It has a delicious tomato sauce.
- Main ingredients: tomatoes, noodles, shrimp, onions
- ₩8,000

Today it's 15% off!

Keywords 밑줄 친 말의 의미가 무엇인지 생각해 써 봅시다.

1 order

1) I will check your order. One hamburger with one cola.
2) The cook waits for the customer's order.

➜ order의 뜻: ____________________

2 ingredient

1) Milk is the main ingredient in ice cream.
2) This skin cream contains only natural ingredients.

➜ ingredient의 뜻: ____________________

After You Read

A 각 메뉴의 오늘 가격을 적고, 가격이 저렴한 순서대로 우리말로 나열해 봅시다.

메뉴	Kimchi Stew	Hamburger	Sushi	Spaghetti
가격	1 ________	2 ________	3 ________	4 ________

〈가격이 저렴한 순서〉

5 ________ → ________ → ________ → ________

B 글의 내용을 바탕으로, 각각의 친구에게 가장 알맞은 메뉴를 영어로 적어 봅시다.

요청		메뉴
정원 I want to eat various fish.	→	1 ________
은혁 I like tomato sauce.	→	2 ________
재영 I don't have much time.	→	3 ________
도이 I like hot Korean food.	→	4 ________

Vocabulary Practice

A 다음은 아빠의 시장바구니에 들어있는 음식 재료들입니다. 그림에 알맞은 영어 단어를 〈보기〉에서 찾아 써 봅시다.

보기	bread	fish	lettuce	noodle	onion	shrimp

1 ____________

2 ____________

3 ____________

4 ____________

5 ____________

6 ____________

B 우리말 뜻을 보고 영어 십자말풀이를 완성해 봅시다.

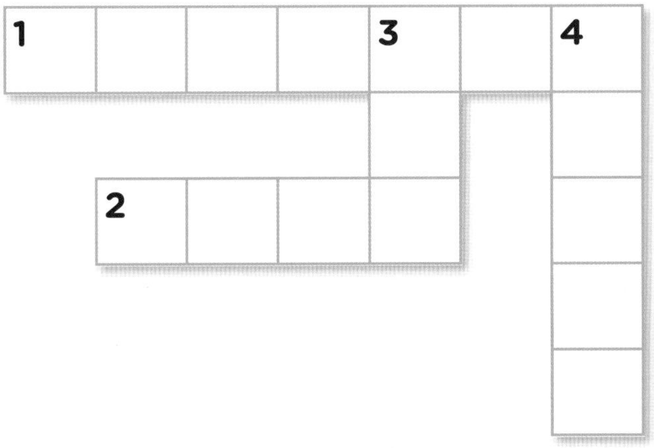

1				3		4
	2					

우리말 뜻

across →

1 다양한

2 소고기

down ↓

3 할인되어

4 제공하다

Unit 03

Tennis Tournaments

Hi, my name is Sucheol. My favorite sport is tennis. My dream is to see the best tennis tournaments in person. They are Wimbledon, the U.S. Open, the French Open, and the Australian Open.

1 Wimbledon

The tournament started in 1877. It is the oldest of the four tournaments. It is held every year between June and July on a grass court in London, England. All the players have to wear white clothes.

2 The U.S. Open

The tournament started in 1881. It is the second oldest of the four tournaments. It is held every September on a hard court in New York, USA. It has the biggest prize money of the four tournaments.

축제 분위기의 윔블던, 크림과 딸기를 먹어요!

윔블던 대회가 열리는 기간에는 윔블던 중심가를 비롯한 거리 전체가 축제 분위기가 된답니다. 그라운드 패스(ground pass)를 구입하면, 비교적 저렴한 가격에 넘버원 코트 주변의 넓은 잔디밭에서 대형화면을 통해 경기를 즐길 수 있어요. 또한, 윔블던 경기를 관람할 때는 크림과 딸기를 함께 먹는 문화가 있는데요, 윔블던 기간 동안 20톤이 넘는 딸기와 7,000리터가 넘는 크림이 소비된다고 하니 정말 대단하지요!

3 The French Open

The tournament started in 1891. It is the third oldest of the four tournaments. It is held every year between May and June on a clay court in Paris, France.

4 The Australian Open

The tournament started in 1905. It is the youngest of all four. It is held every year between January and February on a hard court in Melbourne, Australia.

Keywords 밑줄 친 말의 의미가 무엇인지 생각해 써 봅시다.

1 tournament

1) She is the winner of the tournament.
2) Our goal is to win the tournament.

→ tournament의 뜻: ____________________

2 prize

1) I like my prize medal very much.
2) Our team's prize cup is the pride of the school.

→ prize의 뜻: ____________________

After You Read

A 각 대회의 시작 연도와 개최 시기를 빈칸에 적어 봅시다.

대회	Wimbledon	The U.S. Open	The French Open	The Australian Open
시작 연도	1 ________	2 ________	3 ________	1905년
개최 시기	4 ________	September	5 ________	6 ________

B 글의 내용을 바탕으로, 주어진 특징과 알맞은 대회를 찾아 연결해 봅시다.

특징		대회명
1 It has the biggest prize money of the four tournaments.	• •	Wimbledon
2 It is held on a clay court.	• •	The U.S. Open
3 All the players have to wear white clothes.	• •	The French Open
4 It is the youngest of the four tournaments.	• •	The Australian Open

Vocabulary Practice

A 각 달력에 알맞은 영어 단어를 〈보기〉에서 찾아 써 봅시다.

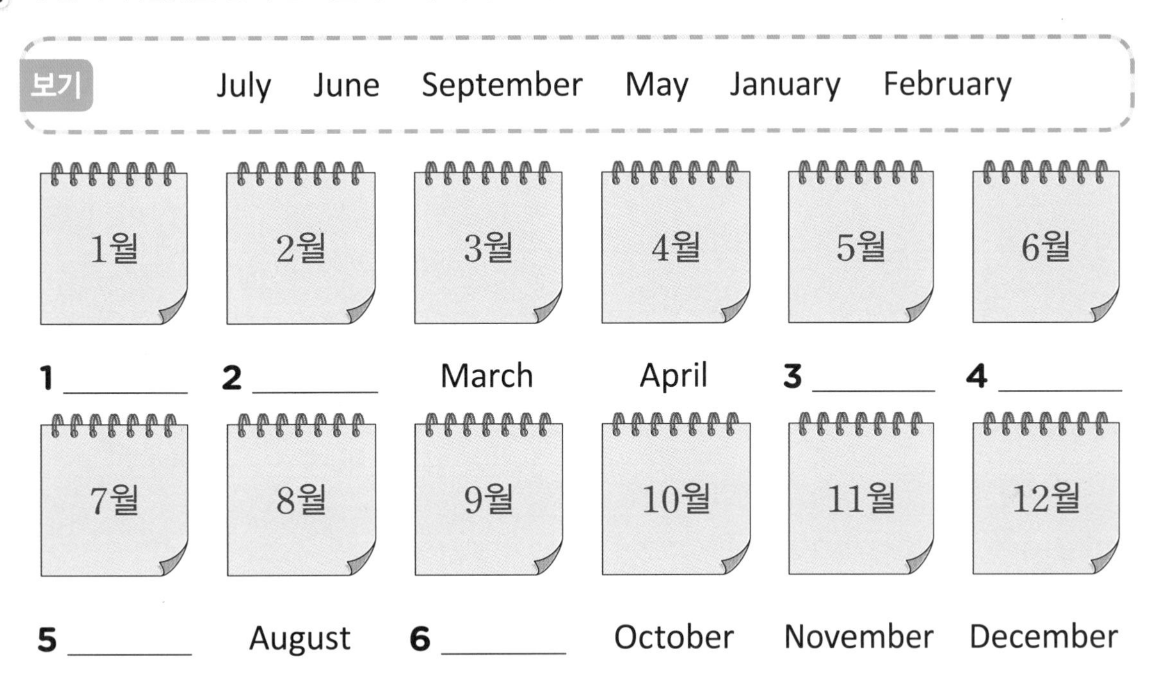

보기: July June September May January February

1 ________ 2 ________ March April 3 ________ 4 ________

5 ________ August 6 ________ October November December

B 단어의 뜻을 보고 숨겨진 단어를 찾아 표시하고 빈칸에 써 봅시다.

f	a	v	b	n	y	r	w
a	h	j	k	l	u	a	w
v	g	r	a	s	s	j	e
o	q	w	e	r	t	u	a
r	g	h	j	k	i	u	r
i	r	t	c	l	a	y	g
t	g	m	n	q	w	e	u
e	q	w	l	s	a	t	e

1 점토, 찰흙	cl________	2 매우 좋아하는	fa________
3 잔디, 풀	gr________	4 입다	we________

Unit 04

Time Is Amazing!

Gayeon likes to sing. She takes singing lessons for an hour at a music academy every day. She thinks that an hour at the music academy is too short. 'It's already time to go home. One hour feels as short as 10 minutes!'

Jimin went to the dentist. The dentist said, "The treatment will take an hour." Jimin was scared of the time at the dentist. An hour felt as long as 10 hours.

문법 as + 형용사/부사 + as

「as + 형용사/부사 + as」는 '~만큼 …하다'라는 의미입니다. 본문에서 제시된 as short as 10 minutes는 '10분만큼 짧다', as long as 10 hours는 '10시간만큼 길다'라는 뜻이지요.

Sammy went to do volunteer work. He cleaned the library for an hour. When he went alone last week, an hour felt as long as 2 hours. But this week, he went with his friend Chanhyun. And the hour felt as short as 30 minutes.

Time is amazing. An hour is the same for everyone. But sometimes it feels short, and sometimes it feels long.

Keywords 밑줄 친 말의 의미가 무엇인지 생각해 써 봅시다.

1 amazing

1) I saw an amazing movie yesterday.
2) What an amazing story!

➔ amazing의 뜻: ________________

2 treatment

1) He had to go to the hospital for treatment.
2) Without this treatment, she will die soon.

➔ treatment의 뜻: ________________

After You Read

A 글의 내용을 바탕으로, 등장하는 인물들이 각각 한 일을 <보기>에서 골라 영어로 써 봅시다. 그리고 각각 인물들이 느낀 시간을 영어로 써 봅시다.

보기
- Doing volunteer work with his friend
- Going to the dentist
- Taking singing lessons

등장인물	한 일	실제 걸린 시간	인물이 느낀 시간
Gayeon	1 ________________	1 hour	4 __________
Jimin	2 ________________	1 hour	5 __________
Sammy	Doing volunteer work alone	1 hour	2 hours
	3 ________________	1 hour	6 __________

B 주어진 단어들을 다시 배열하여 문장을 완성해 봅시다.

1 1시간이 10시간처럼 길게 느껴졌다.

10 hours / as long as / felt / An hour

→ ____.

2 그는 봉사활동을 하러 갔다.

do / volunteer work / went / He / to

→ ____.

3 1시간은 누구에게나 같다.

An hour / the same / for / is / everyone

→ ____.

Vocabulary Practice

A 우리말과 같은 뜻이 되도록 빈칸에 알맞은 영어 단어를 〈보기〉에서 찾아 써 봅시다.

보기	dentist	library	Sometimes	volunteer

1 나는 치과의사가 되고 싶어.

→ I want to be a ______________.

2 나는 매주 목요일에 도서관으로 봉사활동을 간다.

→ I go to a ______________ for ______________ work every Thursday.

3 때때로 나는 자전거로 도서관에 간다.

→ ______________ I go to the library by bike.

B 암호를 해독하여 단어를 완성하고, 우리말 뜻을 써 봅시다.

a	e	h	k	l	n
■	★	●	=	☆	^
o	p	r	s	t	u
∞	∝	《	》	√	『

1 | ● | ∞ | 『 | 《 | → | h | | | | : ______________

2 | √ | ■ | = | ★ | → | t | | | | : ______________

3 | ■ | ☆ | ∞ | ^ | ★ | → | a | | | | | : ______________

4 | 》 | ● | ∞ | 《 | √ | → | s | | | | | : ______________

Unit 05 Wonderful Croatia!

Hi, Heekyung!

How is your vacation going?
I'm traveling in Croatia with my family.
Now I'm in front of St. Marco's Cathedral.
It is one of the oldest buildings in Zagreb.
The red, blue, and white mosaic tiles on the roof are so beautiful.
I'm sending some photos. Please enjoy them!

Sucheol

* St. Marco's Cathedral 성 마르코 성당
* mosaic tile 모자이크 타일

배경지식 자연환경이 아름다운 크로아티아

크로아티아는 아름다운 자연환경을 가지고 있어요. 그래서 많은 영화, TV 드라마와 프로그램이 이곳을 배경으로 만들어졌어요. 우리나라 드라마 '디어 마이 프렌즈(2016)', 예능 '꽃보다 누나(2013~2014)'도 여기에서 촬영을 했답니다! 그리고 미국 드라마 '왕좌의 게임(2011~2019)', 영화 '아바타(2009)', '맘마미아2(2018)'의 촬영지도 크로아티아입니다.

Heekyung!

This picture is Plitvice Lakes National Park.
This is the first national park in Croatia.
You can see the beautiful natural scenery here.
There are a lot of trees and beautiful clear lakes.
A lot of tourists come here to see this scenery every day. I recommend you to come here someday. Croatia is such a wonderful place!

Sucheol

AIRMAIL PAR AVION

CONFIDENTIAL

AFTER FIVE DAYS

Keywords 밑줄 친 말의 의미가 무엇인지 생각해 써 봅시다.

1 travel

1) She travels widely because of her job.
2) I want to travel around the world.

→ travel의 뜻: ____________________

2 tourist

1) I see many American tourists in Seoul.
2) Where is the tourist information center?

→ tourist의 뜻: ____________________

After You Read

A 글의 내용을 바탕으로, 아래 문장이 맞으면 True, 틀리면 False에 ◯표 해 봅시다.

1 Sucheol is traveling with his friends. True | False

2 St. Marco's Cathedral has a black roof. True | False

3 Plitvice Lakes National Park is the first national park in Croatia. True | False

B 주어진 단어들을 다시 배열하여 문장을 완성해 봅시다.

1 방학은 어떻게 보내고 있니?

vacation / your / How / is / going

→ ____?

2 크로아티아는 정말 멋진 곳이야!

is / such / a / place / Croatia / wonderful

→ ____!

3 이곳은 크로아티아의 첫 번째 국립공원이야.

the first / This / is / national park / in Croatia

→ ____.

Vocabulary Practice

A 그림에 알맞은 영어 단어를 〈보기〉에서 찾아 써 봅시다.

보기 send park lake building

1 ____________

2 ____________

3 ____________

4 ____________

B 단어의 뜻을 보고 숨겨진 단어를 찾아 표시하고 빈칸에 써 봅시다.

v	a	c	a	t	i	o	n
q	m	e	r	r	t	y	a
a	w	t	f	g	j	u	t
z	b	y	v	b	n	i	i
x	e	n	j	o	y	o	o
s	e	i	u	i	o	h	n
w	d	o	l	k	f	g	a
s	c	e	n	e	r	y	l

1 방학 va____________

2 국가의 na____________

3 즐기다 en____________

4 경치, 풍경 sc____________

Look & Think

■ 다음 그림을 보고 생각나는 것을 자유롭게 말해 봅시다.

요리하는 로봇이
생긴다면 엄마가
좋아하실 것 같아요.

Reading Tip

여러분이 읽게 되는 영어 지문은 크게는 설명문과 이야기글로 나뉩니다. 또한 좀 더 구체적으로 보자면 묘사하는 글, 설득하는 글, 비교/대조하는 글, 정의 혹은 예시를 보여주는 글 등 많은 종류가 있지요. 어떤 종류의 글이냐에 따라 읽기 전략도 달라질 수 있어요. 예를 들어, 원인과 결과를 설명하는 글이라면, 원인과 결과가 무엇인지를 파악하여 서로 연결해보는 전략을 적용해 볼 수 있겠습니다.

설명하는 글
같아요!

Q Unit 9의 읽기 지문은 어떠한 종류의 글일까요?

Word Power

■ 다음 그림에서 여러분이 그 뜻을 이미 알고 있는 단어를 찾아 노란색 형광펜을 칠해 보세요. 이전에 본 적은 있지만 그 뜻을 모르는 단어에는 파란색 형광펜을 칠해 봅시다.

Grammar for Reading

어떤 뜻을 나타내기 위해 함께 어울려 쓰이는 말들을 연어(collocation)라고 합니다. personal과 private은 모두 '개인적인'의 의미를 가지지만, questions와 함께 자연스럽게 어울리는 말은 personal이 됩니다. 그래서 '사적인 질문'이라고 표현할 때 'private questions' 보다는 'personal questions'라고 말하게 되지요.

Should I Make a Study Plan for the Vacation?

→ Unit 6의 제목입니다. 여기에서도 'make a plan'이라는 연어 표현을 만나볼 수 있습니다.

Q 다음 문장에서 연어 표현을 찾아봅시다.

It's time for you to see the dentist.

정답 | see the dentist

Unit
06 Should I Make a Study Plan for the Vacation?

Our school vacation is five weeks long. Should we make a study plan for the vacation? Let's listen to what Junghyun and Sangmyung think. Whose opinion do you agree with?

Junghyun

I don't think we need to make a study plan for the vacation. A vacation is different from going to school every day. All I want is some time to relax. I also want to read as many books as possible. I'd really like to spend my time freely without any plan.

어휘 상대방의 의견에 동의하거나 반대하는 표현

상대방의 의견에 동의하거나 반대하는 표현이 있습니다. 동의할 때는 for를 사용하고, 반대할 때는 against를 사용합니다. 예를 들어, "I'm for it."은 "나는 그것에 찬성한다."라는 뜻이고, "I'm against your idea."는 "나는 너의 의견에 반대한다."라는 뜻입니다.

I think we need to make a study plan for the vacation. It's important to keep good study habits at home even during the vacation. If you don't make a plan, it's easy to become lazy. If you are lazy during the vacation, it is hard to get used to schoolwork when school starts.

Sangmyung

Keywords 밑줄 친 말의 의미가 무엇인지 생각해 써 봅시다.

1 plan

1) Does she have any plans for the summer?

2) I can't change my plans now.

→ plan의 뜻: ____________________

2 opinion

1) I need more time to form my opinion.

2) I will think about it and give you my opinion.

→ opinion의 뜻: ____________________

After You Read

A 글의 내용을 바탕으로, 정현과 상명의 방학 계획에 대한 의견의 요지를 완성해 봅시다.

Junghyun's opinion	Sangmyung's opinion
We **1** (need / do not need) to make a study plan for the vacation.	We **2** (need / do not need) to make a study plan for the vacation.
• A vacation is **3** d__________ from going to school every day. • I want some time to **4** r__________. • I want to **5** s__________ my time freely.	• It's important to **6** k__________ good **7** h__________ at home even during the vacation. • If you don't make a plan, it's easy to become **8** l __________.

B 주어진 단어들을 다시 배열하여 문장을 완성해 봅시다.

1 너는 누구의 의견에 동의하니?

opinion / do / Whose / agree with / you

→ ____?

2 내가 필요한 것은 쉴 수 있는 약간의 시간이다.

is / some / to relax / All I want / time

→ ____.

3 나는 가능한 한 많은 책을 읽고 싶다.

want / as many books as / I / to read / possible

→ ____.

Vocabulary Practice

A 단어의 뜻을 보고 철자를 바르게 배열하여 봅시다.

번호	제시어	단어 뜻	배열한 단어
1	sdenp	(시간을) 보내다, (돈을) 쓰다	s________
2	dneifertf	다른, 차이가 나는	d________
3	dnrigu	~ 동안	d________
4	ioamptnrt	중요한	i________

B 암호를 해독하여 단어를 완성하고, 우리말 뜻을 써 봅시다.

a	b	e	g	h	i
■	▲	★	§	●	＝
l	r	t	x	y	z
※	《	√	『	』	∞

1 | ※ | ■ | ∞ | 』 | → | l | | | | : ________

2 | 《 | ★ | ※ | ■ | 『 | → | r | | | | | : ________

3 | ● | ■ | ▲ | ＝ | √ | → | h | | | | | : ________

4 | ■ | § | 《 | ★ | ★ | → | a | | | | | : ________

Unit 07

The Origin of the Wrinkled Straw

People make new things to solve various daily problems. Sometimes, a little change makes our lives a lot better.

What Joseph Friedman did is a good example. One day, Joseph saw his little daughter having a milkshake. She was trying to drink it with a straight paper straw, but it was hard for her. Joseph thought, 'How about making wrinkles in the straw?'

배경지식 발견과 발명

'발견'과 '발명'은 어떻게 다를까요? '발견'은 예전부터 있었지만 세상에 알려지지 않은 어떤 것을 찾아 내는 것이고, '발명'은 세상에 없었던 새로운 것을 만들어 내는 것이랍니다. 자연현상으로 일어난 불을 찾아낸 것은 '발견'이고, 불을 활용하기 위한 도구를 만든 것은 '발명'이라고 할 수 있어요.

Joseph put a screw in the straw and made wrinkles in it. Then his daughter could easily drink the milkshake with the new straw. After that, he set up a company to produce wrinkled straws. Wrinkled straws worked well, especially for children and hospital patients.

A little love and care made it possible. The start of making new things is within us.

Keywords 밑줄 친 말의 의미가 무엇인지 생각해 써 봅시다.

1 origin

1) The origin of the word is not certain.

2) Who knows the origins of life on the earth?

→ origin의 뜻: ________________

2 possible

1) It is possible to get there by bus.

2) Her preparation made the perfect meeting possible.

→ possible의 뜻: ________________

After You Read

A 글의 내용을 바탕으로, 〈보기〉에서 알맞은 단어를 골라 다음 글을 완성해 봅시다.

보기 start better change within

People make new things to solve various everyday problems. Sometimes, a little **1** __________ makes our lives a lot **2** __________. For example, a father made a wrinkled straw for his daughter. A little love and care made it possible. The **3** __________ of making new things is **4** __________ us.

B 글의 내용을 바탕으로, 밑줄 친 ①~③ 중 빨대의 모양이 다른 것 하나를 골라 봅시다.

Joseph's daughter was trying to drink a milkshake with ① a straight paper straw.

↓

Joseph put a screw in ② the straw and made wrinkles in it.

↓

Then his daughter could easily drink the milkshake with ③ the new straw.

Vocabulary Practice

A 그림에 알맞은 영어 단어를 〈보기〉에서 찾아 써 봅시다.

보기 hospital screw straight wrinkle

1 ______________

2 ______________

3 ______________

4 ______________

B 우리말과 같은 뜻이 되도록 빈칸에 알맞은 영어 단어를 〈보기〉에서 찾아 써 봅시다.

보기 patient problem various solve

1 다양한 모양의 필통이 있다.

→ There are ______________ shapes of pencil cases.

2 그가 마침내 문제를 해결했다.

→ He finally ______________d the ______________.

3 의사는 매일 환자를 치료한다.

→ The doctor treats ______________s every day.

Unit 08

Dear Future Me

Dear future Claire,

This letter is from 12-year-old Claire.
You must be in 2041. This means you are 32 years old.
Now I am in 5th grade in elementary school.
I love writing and sharing information with others.
Do you know my dream?
I want to be a newspaper reporter in the future.
What kind of job do you have?
How is your life going?
It feels great to think of my wonderful future.

With love,
Claire

문화 외국 주소 적는 방법

영어로 쓴 편지를 외국으로 보내려면 영문 주소가 필요하지요. 영문 주소는 한글 주소와는 반대 순서로 작은 단위에서 큰 단위로 적습니다. street – city – state/province – country 순서처럼 말이지요. 예를 들어, 한국의 청와대 주소는 '대한민국 서울특별시 종로구 청와대로 1'로 쓰지만, 미국 캘리포니아주 샌프란시스코에 위치한 골든게이트 공원의 주소는 '501 Stanyan St, San Francisco, CA(California), USA'로 적습니다.

Dear Claire 20 years ago,

This morning, I found the letter you wrote me 20 years ago.
You must be anxious to know your future.
You've done great work so far. I'm so proud of you.
I am a famous newspaper reporter. I love my job.
I'm quite busy. I'm writing this letter in my flying car.
I often miss my childhood.
Please stay healthy and keep
up the good work.

With love,
Claire

Keywords 밑줄 친 말의 의미가 무엇인지 생각해 써 봅시다.

1 future

1) I want to be a singer in the future.
2) No one knows the future.

➔ future의 뜻: ________________

2 letter

1) I am very happy to receive a letter from my brother.
2) I am writing a letter to my sister.

➔ letter의 뜻: ________________

After You Read

A 글의 내용을 바탕으로, 빈칸에 알맞은 단어를 써 봅시다.

2021	2041
Claire: **1** ___________ years old.	Claire: **2** ___________ years old.
• I love writing and **3** s___________ information with others. • Becoming a newspaper **4** r___________ is my dream. • It feels good to think of my wonderful **5** f___________.	• I found the **6** l___________ you wrote me this morning. • I am a **7** f___________ newspaper reporter. • I often miss my **8** c___________.

B 주어진 단어들을 다시 배열하여 문장을 완성해 봅시다.

1 이 편지는 Claire에게서 온 것이다.

from / This / Claire / is / letter

→ ____.

2 너는 너의 미래를 매우 간절히 알고 싶을 것임에 틀림없다.

anxious / your future / to know / You / must be

→ ____.

3 나의 멋진 미래를 생각하니 기분이 좋다.

of / to think / great / my wonderful future / It / feels

→ ____.

Vocabulary Practice

A 우리말 뜻을 보고 영어 십자말풀이를 완성해 봅시다.

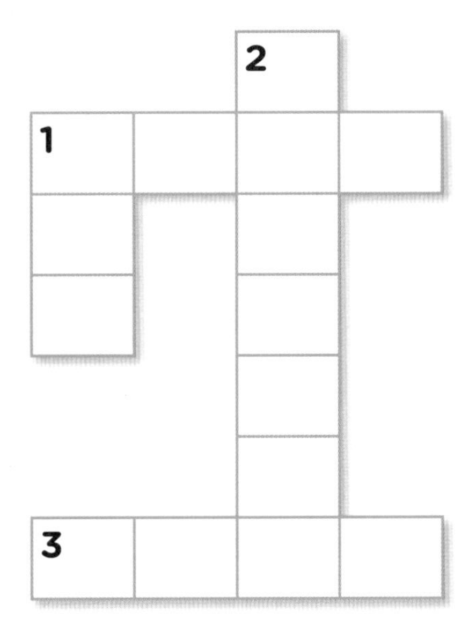

우리말 뜻

across →
1 찾다, 발견하다
3 그리워하다

down ↓
1 날다
2 간절히 바라는

B 〈보기〉에 있는 모음 알파벳 중 알맞은 것을 찾아 단어를 완성하고, 우리말 뜻을 써 봅시다.

보기: a a e e e i o o o

1 j ☐ b: ____________

2 g r ☐ d ☐ : ____________

3 c h ☐ l d h ☐ ☐ d: ____________

4 n ☐ w s p ☐ p ☐ r: ____________

Unit 09

The Diderot Effect

Mr. Diderot got a nice red outfit from his friend. He sat at his desk in his new outfit. Then he thought, 'This beautiful outfit doesn't go well with this old desk.'

So he bought a new desk and sat at it. Then, the bookshelf next to the desk looked too old. 'This beautiful desk doesn't go well with this old bookshelf.' So he began to change all the furniture in his room. This story actually happened to the Frenchman Denis Diderot in the 18th century.

배경지식 **디드로 효과를 이용한 마케팅**

음료수의 맛이나 가격을 중요시하기보다, 좋아하는 연예인 얼굴이 있는 음료수를 더 사고 싶었던 적이 있나요? 이렇게 다른 산업 분야의 아이템을 결합하는 '하이브리드 패치워크(hybrid patchwork)'도 디드로 효과를 이용한 마케팅이라고 할 수 있습니다.

When you buy a new thing, you are happy for a while. But soon you want to buy some new products to go with it. We call this the Diderot effect. Why do people experience the Diderot effect? It is because they feel better when things go together.

Keywords 밑줄 친 말의 의미가 무엇인지 생각해 써 봅시다.

1 effect

1) The doctor explained the effects of the treatment.

2) The greenhouse effect is serious.

→ effect의 뜻: ____________________

2 product

1) We need new products to sell.

2) I love natural products.

→ product의 뜻: ____________________

After You Read

A 글의 내용을 바탕으로, 아래 문장이 맞으면 True, 틀리면 False에 ○표 해 봅시다.

1 Mr. Diderot didn't buy anything else after he got the outfit. True | False

2 People feel better when things go together. True | False

3 The Diderot effect story is not real but made up. True | False

B 글의 내용을 바탕으로, 디드로 씨의 새로운 물건을 순서대로 찾아 써 봅시다.

He got an **1** o__________ from his friend.

↓

He bought a new **2** d__________.

↓

He bought a new **3** b__________.

↓

He bought other **4** f__________.

Vocabulary Practice

A 단어의 뜻을 보고 철자를 바르게 배열하여 봅시다.

번호	제시어	단어 뜻	배열한 단어
1	bhokeolfs	책꽂이	b______________
2	dkse	책상	d______________
3	enpeircexe	겪다, 경험하다	e______________
4	frnitureu	가구	f______________

B 단어의 뜻을 보고 숨겨진 단어를 찾아 표시하고 빈칸에 써 봅시다.

q	c	a	a	x	c
w	h	s	d	b	e
h	a	p	p	e	n
v	n	d	h	g	t
b	g	f	j	i	u
n	e	g	f	n	r
m	z	h	g	l	y

1 세기, 100년 ce______________

2 시작하다 be______________

3 발생하다 ha______________

4 변하다, 달라지다 ch______________

Unit 10

Life in the Future

"Good morning. It's time to get up." As soon as Jiyoung wakes up, she puts her hand on a health check machine. "Everything is normal. Eat some food that has vitamin C." She brushes her teeth with a robot toothbrush in the bathroom. It says, "It's time for you to see the dentist. I will book a dentist appointment for next week."

Breakfast is made by a cooking robot. The fridge says, "There is no milk." Then Jiyoung's dad presses a button and buys milk. A drone will deliver it to their home later in the day.

문법 **능동태와 수동태**

문장을 쓸 때, 주어가 어떤 일을 스스로 한다는 의미인지 어떤 일을 당한다는 의미인지를 생각하여야 합니다. 주어가 스스로 할 때는 '능동태', 당할 때는 '수동태'가 됩니다. 예를 들어, "I love you."는 "나는 너를 사랑한다."라는 능동태이지만 "You are loved by me."는 "너는 나에 의해 사랑받는다."라는 수동태가 된답니다.

The mirror says, "Today is sunny, the temperature is 2 degrees." Jiyoung is planning to go skiing with her friends today. After skiing, she will take a hot bath. AI will prepare the proper water temperature in advance.

Our lives have already begun to change. How much will our lives advance in the future?

Keywords 밑줄 친 말의 의미가 무엇인지 생각해 써 봅시다.

1 health

1) She exercises for her health.

2) Sleeping well is related to health.

➜ health의 뜻: ________________

2 prepare

1) I need to prepare a report.

2) Ms. Jeong always prepares for her class.

➜ prepare의 뜻: ________________

After You Read

A 글의 내용을 바탕으로, 빈칸에 알맞은 단어를 써 봅시다.

When Jiyoung gets up	When Jiyoung brushes her teeth
• She **1** p__________s her hand on a health check machine.	• She brushes her teeth with a **2** r__________ toothbrush.
When Jiyoung runs out of ingredients	**Before Jiyoung goes out**
• The **3** f__________ tells her what she needs.	• The mirror tells her what the **4** w__________ is like.

B 주어진 단어들을 다시 배열하여 문장을 완성해 봅시다.

1 드론은 그것을 그들의 집으로 배달할 것이다.

will / A drone / to their home / deliver / it

→ ____.

2 이미 우리의 생활은 변화하기 시작했다.

have / to change / begun / Our lives / already

→ ____.

3 그녀는 친구들과 스키를 타러 가기로 계획하고 있다.

with her friends / She / planning / is / to go skiing

→ ____.

Vocabulary Practice

A 암호를 해독하여 단어를 완성하고, 우리말 뜻을 써 봅시다.

a	c	d	e	h	i	l
■	▲	▼	★	●	=	※
m	n	o	p	r	v	
∬	∞	《	》	√	『	

1 》 √ 《 》 ★ √ → p _ _ _ _ _ : ________

2 ∞ 《 √ ∬ ■ ※ → n _ _ _ _ _ : ________

3 ▼ ★ ※ = 『 ★ √ → d _ _ _ _ _ _ : ________

4 ∬ ■ ▲ ● = ∞ ★ → m _ _ _ _ _ _ : ________

B 〈보기〉에 있는 모음 알파벳 중 알맞은 것을 찾아 단어를 완성하고, 우리말 뜻을 써 봅시다.

보기: a a e e e e e i i o o o u u

1 f r ☐ d g ☐ : ________

2 t ☐ ☐ t h b r ☐ s h: ________

3 ☐ p p ☐ ☐ n t m ☐ n t: ________

4 t ☐ m p ☐ r ☐ t ☐ r ☐ : ________

Look & Think

■ 다음 그림을 보고 생각나는 것을 자유롭게 말해 봅시다.

A
B
양떼 목장과 아쿠아리움! 결정이 쉽지 않겠는걸요!

Reading Tip

의미를 모르는 어휘를 만날 때마다 사전을 들춰봐야 하는 것일까요? 다행히도 그럴 필요가 없답니다. 단어의 모양을 잘 살펴보거나 글의 흐름을 파악함으로써 모르는 어휘의 의미를 어느 정도 짐작해 볼 수 있기 때문이죠. 그렇게 추론을 통해 알게 된 어휘의 의미는 기억에서 쉽게 사라지지 않는 법이랍니다.

'먹이를 주다'의 뜻이에요! food와 비슷하게 생겼고, 농장에서 귀엽고 작은 양들에게 할 수 있는 일일 테니까요.

Q 다음 문장에서 밑줄 친 feed의 의미가 무엇인지 짐작하여 봅시다.

I would really like to feed cute little sheep at the farm.

Word Power

■ 다음 그림에서 여러분이 그 뜻을 이미 알고 있는 단어를 찾아 노란색 형광펜을 칠해 보세요. 이전에 본 적은 있지만 그 뜻을 모르는 단어에는 파란색 형광펜을 칠해 봅시다.

Grammar for Reading

문장과 문장을 부드럽게 이어주는 역할을 하는 표현들을 알아두면 영어 독해가 훨씬 쉬워집니다. 예를 들어, and, therefore, so, also 등은 '그래서', '또한' 정도의 의미를 가집니다. but, however 등은 앞에 제시된 내용에 반하여 다른 말을 꺼낼 때 사용하지요.

The weather in Greece is hot and dry, and the sunlight is very strong. So, traditional houses in Greece have small windows and thick walls to block the strong sunlight.

→ So는 '그래서'라고 해석하면 됩니다. 앞에 한 말의 결과가 무엇인지를 설명하는 말이 이어지게 되지요.

Q **Unit 11의 지문에서 문장과 문장을 서로 이어주는 표현을 모두 찾아봅시다.**

정답 | However, Also

Unit 11

How to Recycle Properly

To Everyone Living in ○○ Apartment

Most of you know recycling is important. Recycling can reduce waste and protect the environment. However, many people do not know how to recycle properly. Here are some useful tips for you.

Tips for Proper Recycling

Paper and cardboard boxes

1. Before you throw out paper or cardboard boxes for recycling, you should remove any stickers or tape on them.

문법 상대방에게 조언하는 표현

should는 '~해야 한다'는 조언의 의미를 나타낼 수 있답니다. "You should be quiet in the library."라고 하면 "도서관에서는 조용히 해야 해."라는 뜻이 되는 것이죠. '~하면 안 된다'라는 말은 어떻게 할 수 있을까요? should 뒤에 not을 더해주면 된답니다. "You should not drink too much soda."라고 하면 "탄산음료를 너무 많이 마시면 안 돼."가 되겠죠.

Plastic bottles

2. When you throw out plastic bottles, you should remove the labels on them.
3. It is also important to rinse the bottles before recycling them.

Glass bottles

4. Do not throw out glass bottles and bottle caps together. Bottle caps are not glass.
5. If glass bottles are broken, they should be thrown out with general waste. They should not go into the bin for glass recycling. Also, make sure you wrap them in newspaper. Broken bottles are dangerous.

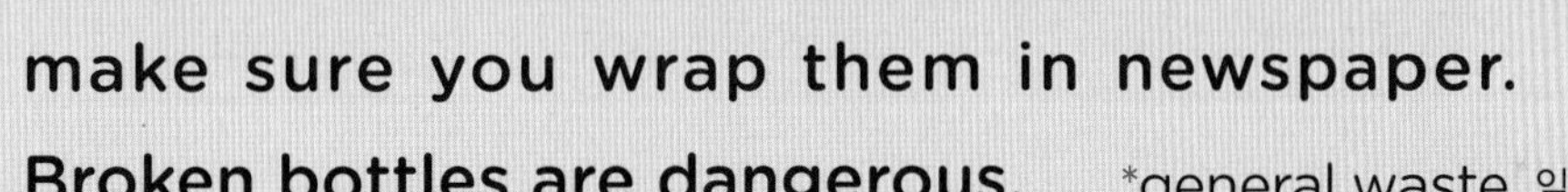

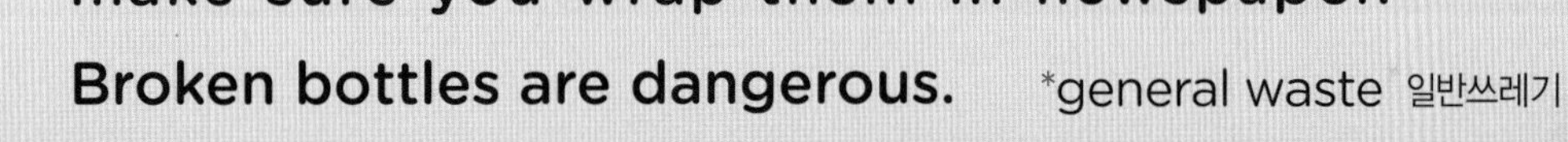

*general waste 일반쓰레기

Keywords 밑줄 친 말의 의미가 무엇인지 생각해 써 봅시다.

1 recycle

1) Korea recycles 80 percent of its food waste.
2) To reduce pollution, we have to recycle used items.

➔ recycle의 뜻: ____________________

2 environment

1) Teachers are trying to make a safe environment for students.
2) You look tired. Why don't you change your sleeping environment?

➔ environment의 뜻: ____________________

After You Read

A 글의 내용을 바탕으로, 아래 문장이 맞으면 True, 틀리면 False에 ○표 해 봅시다.

1 We can protect the environment by recycling. True | False

2 You don't have to remove stickers when recycling paper boxes. True | False

3 Broken bottles should be put into the bin for glass recycling. True | False

B 주어진 단어들을 다시 배열하여 문장을 완성해 봅시다.

1 여러분들 중 대부분은 재활용이 중요하다는 것을 알고 있습니다.

know | Most of you | is important | recycling

→ ______________________________.

2 여기 여러분을 위한 몇 가지 유용한 조언들이 있습니다.

useful tips | some | Here are | for you

→ ______________________________.

3 병들을 재활용하기 전에 병들을 헹구는 것도 중요합니다.

also important | before | It is | recycling them | to rinse the bottles

→ ______________________________.

Vocabulary Practice

A 주어진 철자로 시작하는 단어를 바르게 배열하고, 단어의 뜻과 어울리는 그림의 번호를 〈보기〉에서 찾아 써 봅시다.

배열 전	배열 후	그림 번호
prtoetc	pr__________	______
reudec	re__________	______
riens	ri__________	______
wates	wa__________	______

보기 (1) (2) (3) (4)

B 우리말과 같은 뜻이 되도록 빈칸에 알맞은 영어 단어를 〈보기〉에서 찾아 써 봅시다.

보기 cap tip properly wrap

1 내가 너에게 지도를 읽는 좋은 방법을 알려줄게.

→ I will tell you a good __________ for reading a map.

2 그 병을 열려면 뚜껑을 돌리기만 하면 돼.

→ To open the bottle, just twist the __________.

3 이 셔츠를 선물용으로 포장해 주시겠어요?

→ Would you __________ the shirt as a gift?

4 승강기가 적절하게 작동하고 있지 않아.

→ The elevator is not working __________.

Unit 12

What to Play on Sports Day?

Our school's sports day is next month. Before getting ready for the sports day, the student council wanted to know what sports the students wanted to play. They decided to make a survey so they could choose the top four sports for the school's sports day. Let's look at the results.

Q What do you want to play on sports day? Choose one.

Sport	Tug of War	Relay Race	Badminton
Number of Students	50	40	20
Sport	Soccer	Basketball	Baseball
Number of Students	15	10	5

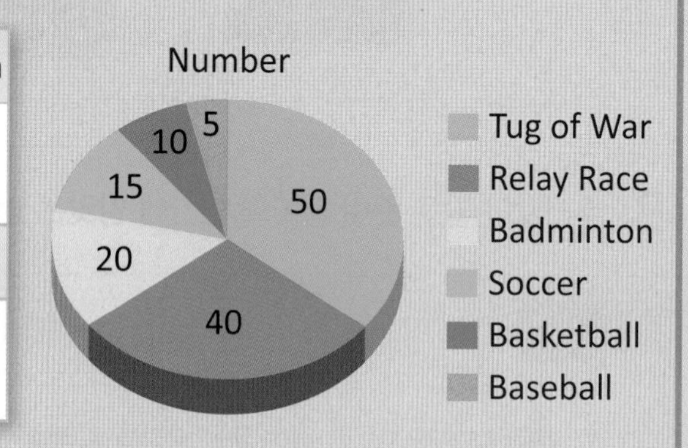

다른 나라의 운동회

캐나다와 미국은 여름방학이 길고 9월에 새 학년이 시작되는데요. 그래서 운동회는 주로 여름방학 전인 6월 중순에 열립니다. 줄다리기나 이어달리기, 공 멀리 던지기, 장애물 통과하기 등 모두가 즐길 수 있는 다양한 종목으로 구성된답니다. 운동회는 track and field day라고도 부릅니다.

Inyeong, what do you want to play on sports day?

I want to play tug of war. It's fun, and lots of students can participate. It's safer than other sports. Also, I like the feeling that we can win if we all work together.

Jaehun, how about you?

The relay! I ran in the relay last year. It was really thrilling. I am good at running, so I would like to run for my team.

Keywords 밑줄 친 말의 의미가 무엇인지 생각해 써 봅시다.

1 decide

1) It is difficult to decide what to eat for lunch.

2) I have to decide what to buy for my grandfather's birthday.

→ decide의 뜻: ____________

2 survey

1) The survey results show that most students in the school like English.

2) If we do a survey, we can hear from many people.

→ survey의 뜻: ____________

After You Read

A 글의 내용을 바탕으로, 〈보기〉에서 알맞은 단어를 골라 다음 글을 완성해 봅시다.

보기 badminton month baseball choose

For the upcoming sports day next **1** ___________, the student council made a survey to decide what sports to **2** ___________ for the sports day. The survey results show that tug of war, a relay race, **3** ___________, and soccer are the top 4 sports students want to play. Basketball and **4** _________ come next.

B 글의 내용을 바탕으로, 〈보기〉의 표현들을 Inyeong에 관한 것과 Jaehun에 관한 것으로 나눠 써 봅시다.

보기 relay race thrilling tug of war last year's experience safer than other sports working together

1 Inyeong	**2** Jaehun
- ______________	- ______________
- ______________	- ______________
- ______________	- ______________

Vocabulary Practice

A 우리말과 같은 뜻이 되도록 빈칸에 알맞은 영어 단어를 <보기>에서 찾아 써 봅시다.

보기 sports day　result　student council　tug of war

1 줄다리기를 하려면, 길고 두꺼운 줄이 필요해.

→ In order to play ____________, we need a long, thick rope.

2 학생회는 온라인 예절에 대한 캠페인을 준비하고 있어.

→ The ____________ is preparing a campaign on online etiquette.

3 너 어제 축구 경기 결과를 알고 있니?

→ Do you know the ____________ of yesterday's soccer match?

4 운동회를 즐기고 조심하렴.

→ Enjoy the ____________ and be safe.

B 그림에 알맞은 영어 단어를 <보기>에서 찾아 써 봅시다.

보기 basketball　participate　soccer　thrilling

1 ____________

2 ____________

3 ____________

4 ____________

Unit 13

What Is Your Comfort Food?

Hello, class! Today, I am going to tell you about my comfort food to you. It is scrambled eggs with tomatoes. It is really delicious. My grandma is very good at making it. On busy mornings, my grandma makes scrambled eggs with tomatoes for breakfast. When I feel sleepy early in the morning, this food makes me feel better. I can start the day with a lot of energy. Here is how to make my comfort food.

문화 세계 여러 나라 사람들의 comfort food

comfort food는 어린 시절 추억을 불러일으키는 등의 이유로 먹었을 때 마음이 편안해지는 음식을 말해요. 많은 미국 사람들은 마카로니에 치즈를 녹인 맥앤치즈(Mac and cheese)를 comfort food로 꼽습니다. 멕시코 사람들은 옥수수 반죽과 다진 고기를 바나나 잎에 싸서 쪄먹는 타말레(Tamale)를, 이집트 사람들은 병아리콩과 여러 향신료를 넣어 끓인 푸울(Fuul)을 comfort food로 흔히 생각하죠.

How to make scrambled eggs with tomatoes

Ingredients

Two eggs, two tomatoes, milk, soy sauce, salt, green onion, olive oil

Recipe

1. Mix the eggs with two tablespoons of milk and soy sauce.
2. Chop the tomatoes and green onion into small pieces.
3. Put olive oil in a frying pan and heat the pan.
4. Put the chopped green onion into the pan.
5. Put the eggs and a little bit of salt into the pan and scramble the eggs.
6. Put the chopped tomatoes into the pan and mix everything together.

Done! Have it with rice or toast. It tastes great.

Keywords 밑줄 친 말의 의미가 무엇인지 생각해 써 봅시다.

1 comfort

1) Looking up at the blue sky gives me a lot of comfort.

2) Her warm words were a real comfort to me.

→ comfort의 뜻: ____________________

2 recipe

1) This soup is so good. Can you tell me the recipe?

2) My dad has a special recipe for curry and rice.

→ recipe의 뜻: ____________________

After You Read

A 〈보기〉에서 알맞은 단어를 골라 다음 글을 완성해 봅시다.

보기 start comfort mornings grandmother

Suhyeon is talking about her **1** ________ food to her classmates. It is scrambled eggs with tomatoes. On busy **2** ________, her **3** ________ makes that for her family. It helps Suhyeon **4** ________ the day with a lot of energy.

B 〈보기〉에 주어진 말을 활용하여 토마토를 곁들인 계란볶음 요리법을 완성해 봅시다.

보기
scramble the eggs
Put olive oil in a frying pan
two tablespoons of milk and soy sauce

How to make scrambled eggs with tomatoes

1) Mix the eggs with **1** ____________________.

2) Chop the tomatoes and green onion into small pieces.

3) **2** ____________________ and heat the pan.

4) Put the chopped green onion into the pan.

5) Put the eggs and a little bit of salt into the pan and **3** ____________.

6) Put chopped tomatoes into the pan and mix everything together.

Vocabulary Practice

A 그림에 알맞은 영어 단어를 〈보기〉에서 찾아 써 봅시다.

보기 chop delicious green onion scramble

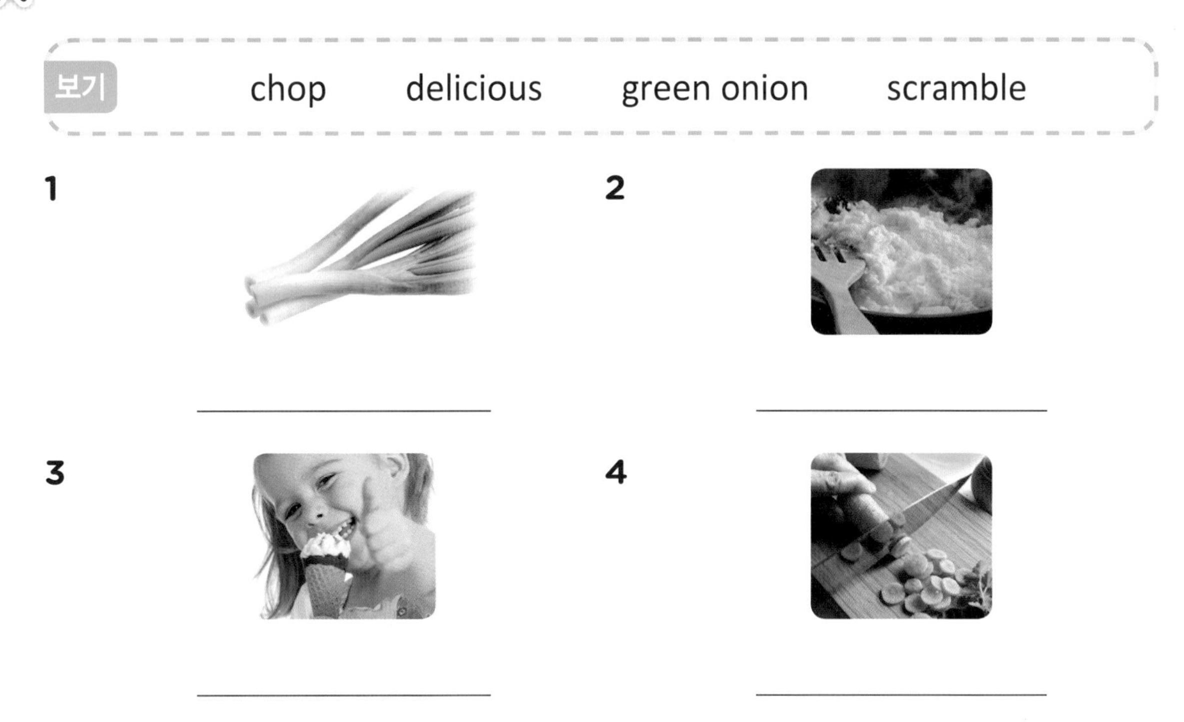

1 ____________

2 ____________

3 ____________

4 ____________

B 우리말 뜻을 보고 영어 십자말풀이를 완성해 봅시다.

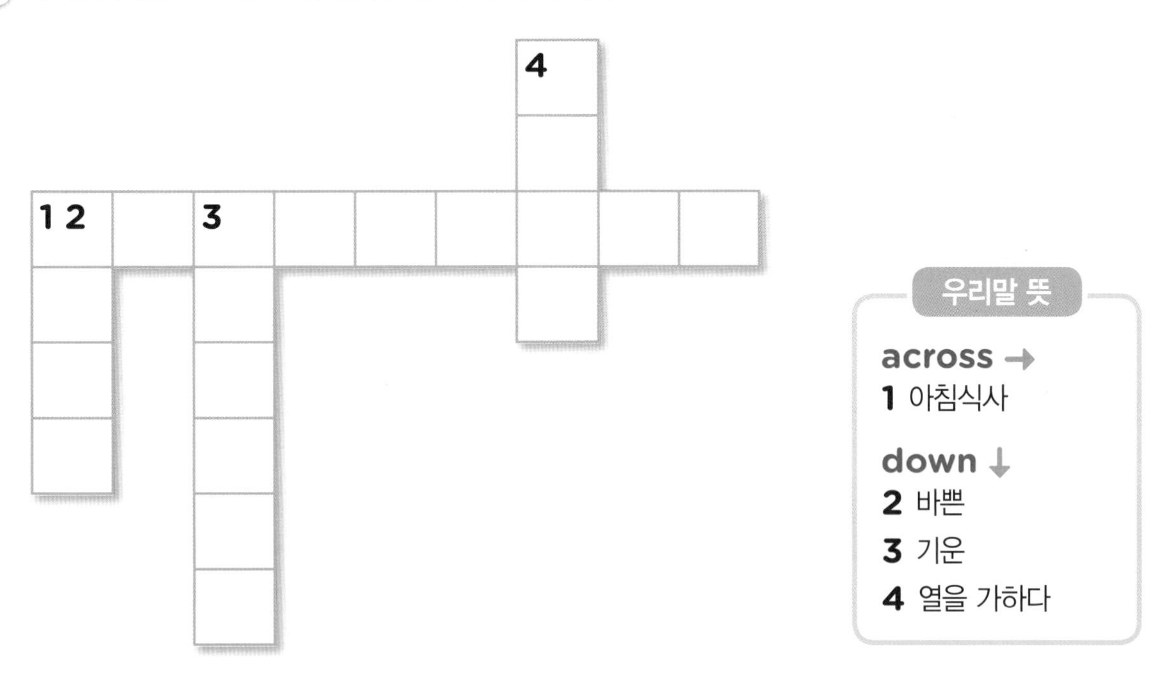

우리말 뜻

across →

1 아침식사

down ↓

2 바쁜

3 기운

4 열을 가하다

Unit 14

Which Schedule Do You Prefer?

Notice

We are planning a school field trip to Gangwon-do next month. We've made two different schedules for the trip. Please log onto the school website and choose the one you prefer.

Schedule A: Pyeongchang-Jeongseon		
Time	Place	Activity
10:00-12:00	*Daegwal-lyeong* Sheep Farm	•Taking pictures with sheep • Feeding little sheep
12:00-13:00	Restaurant	•Lunch with *memil* (buckwheat) dishes
14:00-15:00	*Baengnyong* Cave	•Taking a cave tour with a guide
16:00-17:00	*Jeongseon*	•Riding a rail bike

Schedule B: Gangneung-Jeongseon		
Time	Place	Activity
10:00-11:00	*Gyeongpo* Beach	•Walking along the beach
11:00-12:00	*Gyeongpo* Aquarium	•Observing sea animals
12:00-13:00	Restaurant	•Lunch with tofu dishes
14:00-15:00	*Solhyang* Pine Tree Park	•Enjoying nature with friends
16:00-17:00	*Jeongseon*	•Riding a rail bike

어휘 **내가 더 좋아하는 것을 표현하려면?**

prefer는 '어떤 것을 다른 것보다 좋아하다', 즉 '선호하다'라는 뜻이에요.

M: Which do you **prefer**, an apple or an orange? (사과랑 오렌지 중에 어떤 것을 더 좋아하니?)

W: I **prefer** an apple to an orange. (나는 오렌지보다 사과가 더 좋아.)

Chansu: Hi, Jiwon. Did you see the notice for our school field trip? Which schedule do you prefer?

Jiwon: Well, I prefer Schedule A. I would really like to feed cute little sheep at the farm. What about you?

Chansu: I prefer Schedule B. I've heard that there are many special sea animals in the aquarium. I really want to see them.

Jiwon: Oh, I see. I think our school field trip will be really fun with either schedule!

Keywords 밑줄 친 말의 의미가 무엇인지 생각해 써 봅시다.

1 **schedule**

A: Do you want to go to the movies with me this weekend?

B: Well, let me check my schedule first.

→ schedule의 뜻: ____________

2 **aquarium**

A: What can we do at the aquarium?

B: The aquarium has many colorful sea animals. We can enjoy them.

→ aquarium의 뜻: ____________

After You Read

A 글의 내용을 바탕으로, 아래 문장이 맞으면 True, 틀리면 False에 ○표 해 봅시다.

1 Students can choose where to go for their school field trip. — True | False

2 Riding a rail bike is only possible in one schedule. — True | False

3 Jiwon wants to choose Schedule B because she wants to see many sea animals. — True | False

B 글의 내용을 바탕으로, 빈칸에 알맞은 단어를 〈보기〉에서 찾아 써 봅시다.

보기: nature Farm tour sea

Schedule A				
Place	*Daegwallyeong* Sheep **1** ________	Restaurant	*Baengnyong* Cave	*Jeongseon*
Activity	Feeding little sheep	Lunch	Taking a cave **2** ________ with a guide	Riding a rail bike

Schedule B					
Place	*Gyeongpo* Beach	*Gyeongpo* Aquarium	Restaurant	*Solhyang* Pine Tree Park	*Jeongseon*
Activity	Walking along the beach	Observing **3** ________ animals	Lunch	Enjoying **4** ________ with friends	Riding a rail bike

Vocabulary Practice

A 단어의 뜻을 보고 숨겨진 단어를 찾아 표시하고 빈칸에 써 봅시다.

l	a	v	b	n	y	r	n
o	b	s	e	r	v	e	o
k	g	r	a	s	s	j	t
o	u	w	e	r	t	u	i
u	i	h	j	k	i	u	c
i	d	t	c	a	l	y	e
g	e	m	n	q	w	e	u
e	q	c	h	o	o	s	e

1 고르다 c________

2 안내자 g________

3 공지 n________

4 관찰하다 o________

B 암호를 해독하여 단어를 완성하고, 우리말 뜻을 써 봅시다.

a	c	d	e	f
■	▲	▼	★	●
i	**r**	**p**	**t**	**v**
∬	∞	《	》	√

1 ▲ ■ √ ★ → c _ _ _ : ________

2 ● ★ ★ ▼ → f _ _ _ : ________

3 ∞ ∬ ▼ ★ → r _ _ _ : ________

4 》 ∞ ∬ 《 → t _ _ _ : ________

Unit 15

Various Houses Around the World

There are many countries in the world. Each country is located in different parts of the globe. The weather and the environment are also different, and this has affected the way people build their houses. Here are two examples of countries and their traditional houses.

몽골과 아이슬란드의 전통가옥

세계 여러 나라의 다양한 주거 형태에 대해 좀 더 알아볼까요? 건조한 초원지대를 이동하며 사는 몽골 유목민들은 동그란 천막 형태인 게르(Ger)에 삽니다. 조립하기 쉽고 센 바람도 막아주거든요. 한편, 집을 짓는 데 필요한 목재가 충분하지 않았던 아이슬란드 사람들은 지붕과 벽에 잔디를 올린 잔디집(Turf house)을 지어 추위를 이겨냈답니다.

1. Greece

Greece has a coast with the Mediterranean Sea. The weather in Greece is hot and dry, and the sunlight is very strong. So, traditional houses in Greece have small windows and thick walls to block the strong sunlight. Also, the walls are painted white for people inside to stay cool because white reflects sunlight well.

* Mediterranean Sea 지중해

2. Vietnam

Vietnam is a very hot and humid country. People used to build houses on seashores or rivers. Houses on water can cool down the heat. They also have less bugs such as mosquitoes. What's more, people living in the houses can get food easily by fishing in the sea or the river.

Keywords 밑줄 친 말의 의미가 무엇인지 생각해 써 봅시다.

1 various

1) We have various plants in our garden.
2) This soup was made with various kinds of seafood.

➔ various의 뜻: ____________________

2 globe

1) The man traveled all around the globe.
2) Many people around the globe enjoy Korean culture.

➔ globe의 뜻: ____________________

After You Read

A 글의 내용을 바탕으로, 빈칸에 알맞은 단어를 본문에서 찾아 써 봅시다.

Traditional houses in Greece	Traditional houses in Vietnam
• They have small **1** ____________. • They have thick and white **2** ____________.	• They are built on seashores or **3** ____________. • People living in the houses can get food by **4** ____________.

B 글의 내용과 일치하도록 질문에 대한 응답을 완성해 봅시다.

1

A: What is the weather like in Greece?

B: It is hot and ____________, and the ____________ is very strong.

2

A: What is one of the good points of traditional houses in Vietnam?

B: They have less ____________ such as ____________.

Vocabulary Practice

A 주어진 단어의 의미와 서로 관련이 깊은 말의 묶음을 〈보기〉에서 찾아 써 봅시다.

보기

ladybug　Brazil　powerful　Italy

fan　muscle　firefly　air conditioner

1 bug	______	______
2 cool down	______	______
3 country	______	______
4 strong	______	______

B 주어진 철자로 시작하는 단어를 바르게 배열하고, 단어의 뜻과 어울리는 그림의 번호를 〈보기〉에서 찾아 써 봅시다.

배열 전	배열 후	그림 번호
loctade	lo______	______
sesahoer	se______	______
sunilhgt	su______	______
traidintoal	tra______	______

보기

(1) 

(2) 

(3) 

(4) 

Look & Think

■ 다음 그림을 보고 생각나는 것을 자유롭게 말해 봅시다.

NEWS
북극곰 가족이 슬퍼 보여요. 빙하가 녹고 있기 때문인가 봐요.

Reading Tip

읽기를 잘하고 싶다면 메타인지 전략(metacognitive strategies)을 적절히 적용할 수 있어야 합니다. 메타인지 전략은 읽기의 목표와 계획을 세우는 전략, 읽기 과정에 문제가 없는지 스스로 돌아보는 전략 등을 말해요. 예를 들어, 읽기를 잘하는 사람들은 자신이 어느 정도 이해를 하고 있는지에 대해 끊임없이 생각하고, 잠시 멈춰서 읽은 바에 대해 정리하기도 하고요, 이해가 어려운 부분에 대해서는 반복해 읽기도 한다고 해요.

제가 용돈을 사용하는 방식과 비교하여 글의 내용을 생각해 볼 거예요!

Q Unit 17의 지문은 어떠한 종류의 메타인지 전략을 적용하여 읽을 수 있을까요?

Word Power

■ 다음 그림에서 여러분이 그 뜻을 이미 알고 있는 단어를 찾아 노란색 형광펜을 칠해 보세요. 이전에 본 적은 있지만 그 뜻을 모르는 단어에는 파란색 형광펜을 칠해 봅시다.

Grammar for Reading

단어들은 다른 단어와 여러 가지 다양한 관계를 맺습니다. nice와 good은 서로 의미가 비슷한 측면이 있어 유의어라고 하고요, nice와 bad는 의미가 서로 달라 반의어라고 하지요.

We are so tired and hungry now.

→ tired와 hungry는 부정적인 의미를 전달하고 있다는 점에서 서로 닮았다고 할 수 있겠습니다.

I think I spent too much on watching a movie with my friend. ... I need to save some more money next month.

→ spend money와 save money처럼 쓰여서 서로 상반되는 의미를 나타냅니다.

Q 다음에서 반의어 관계에 있는 두 단어를 찾아봅시다.

Most of the tips in this book are easy to follow. ... Others are a little difficult to understand.

정답 | easy - difficult

Unit 16

Book Reviews from Readers

An easy guide to making video clips

"If you want to make your own video clip, open this book right now!"

Name: Jeongmin / Score: ★★★★☆

Comments: This book is very useful for learning how to make video clips. Most of the tips in this book are easy to follow. I came to know how to use many programs for editing videos.

Name: Yunjeong / Score: ★★★☆☆

Comments: I have never made any video clips before. Some chapters are okay, but others are a little difficult to understand. I don't think the book has enough pictures. I think I need to read a beginner book first. Then, I will read this book again.

경험 묻고 답하기

누군가가 "Have you ever been to a pet cafe?"라고 묻는다면 "반려동물 카페에 가본 적이 있나요?"라는 뜻이 되는데요. 반려동물 카페에 가본 적이 있다면 "Yes. I have been to a pet cafe."라고 대답을 하고요, 가본 적이 없다면 "No. I have not been to a pet cafe."라고 말하면 된답니다.

Name: Hyeonji / Score: ★★☆☆☆

Comments: This book was easy to read. Nothing in this book was new to me because I have already made a couple of video clips by myself. But, the price is good. It is quite reasonable.

Name: Seongjun / Score: ★★★★★

Comments: This book is perfect for me. I am planning to make V-logs of my daily life, and this book is really helpful. The book includes how to make subtitles, too. I will recommend this book to my friends.

Keywords 밑줄 친 말의 의미가 무엇인지 생각해 써 봅시다.

1 useful

A: How can I get useful tips for baking cakes?

B: Why don't you search the Internet?
There are many useful websites to help you.

→ useful의 뜻: ____________________

2 recommend

A: Can you recommend a Chinese restaurant?

B: Chef Chang! Many people recommend the restaurant for its dim sum.

→ recommend의 뜻: ____________________

After You Read

A 글의 내용을 바탕으로, 책에 대한 각 사람의 생각에 해당하는 것을 찾아 연결해 봅시다.

1	Jeongmin	• •	**a** There is nothing new in the book.
2	Yunjeong	• •	**b** Some chapters are difficult to understand.
3	Hyeonji	• •	**c** Most tips in the book are easy to follow.
4	Seongjun	• •	**d** This book is helpful for making V-logs.

B 글의 내용과 일치하도록 질문에 대한 응답을 완성해 봅시다.

1

A: What did Jeongmin learn from the book?

B: Jeongmin learned how to use many ___________ for editing videos.

2

A: What does Yunjeong think about the book?

B: Yunjeong thinks that the book does not have enough ___________.

Vocabulary Practice

A 암호를 해독하여 단어를 완성하고, 우리말 뜻을 써 봅시다.

c	d	e	f	g	h	i	l
■	▲	▼	★	●	=	※	∬
n	o	p	r	t	u	w	
∞	《	◆	》	√	『	』	

1 | ▼ | ▲ | ※ | √ | → | e | | | | : ______________

2 | ◆ | 》 | ※ | ■ | ▼ | → | p | | | | | : ______________

3 | ▼ | ∞ | 《 | 『 | ● | = | → | e | | | | | | : ______________

4 | ★ | 《 | ∬ | ∬ | 《 | 』 | → | f | | | | | | : ______________

B 우리말과 같은 뜻이 되도록 빈칸에 알맞은 영어 단어를 〈보기〉에서 찾아 써 봅시다.

보기 helpful reasonable reviews subtitles

1 자막이 잘 안 보이네. 나 아마 안경을 바꿔야 할 것 같아.

→ I can't see the ______________ well. Maybe I have to change my glasses.

2 나는 이 노트북을 합리적인 가격에 구매했어.

→ I bought this laptop at a ______________ price.

3 후기들은 그 뮤지컬이 환상적이라고 이야기하고 있어.

→ The ______________ say that the musical is fantastic.

4 따뜻한 우유 한 잔은 잠을 잘 자는 데 도움이 돼.

→ A cup of warm milk is ______________ for getting a sound sleep.

Unit 17

Jeongwon's Money Diary

Date	Details	Income (Won)	Spending (Won)	Balance (Won)
12/1	Money from Last Month	30,000		30,000
12/5	Monthly Allowance	50,000		80,000
12/6	Saving		20,000	60,000
12/8	New Pencil Case		5,000	55,000
12/10	After-school Snack (*tteokbokki*)		5,000	50,000
12/15	A T-shirt for My Brother's Birthday Gift		15,000	35,000
12/20	Extra Money for Washing the Dishes	2,000		37,000
12/23	A Christmas Postcard		3,000	34,000
12/28	Movie & Popcorn with a Friend		12,000	22,000
Total		82,000	60,000	22,000

어휘 **~마다 한 번**

본문에서 정원이는 매월 용돈을 받죠? monthly는 '한 달에 한 번'이라는 뜻이에요. 그렇다면 '일주일에 한 번'은 영어로 무엇일까요? 네, 맞아요! 일주일이 week니까 weekly가 되겠죠. 그렇다면 '매일'은 영어로 무엇일까요? dayly? 좋은 시도예요. 이때는 day에서 'y'가 'i'로 바뀌어 daily가 된답니다.

I bought a new pencil case this month. I like its design. I am also glad because my brother liked the T-shirt as a birthday gift. It was originally 20,000 won, but I got it on sale. I think I spent too much on watching a movie with my friend. Since I want to buy new earphones, I need to save some more money next month. I think I need to help with more housework, too.

Keywords 밑줄 친 말의 의미가 무엇인지 생각해 써 봅시다.

1 allowance

1) He wants to get a bigger allowance from parents.

2) I used up my weekly allowance in two days.

→ allowance의 뜻: ________________

2 spend

1) A money diary shows you how much money you spend every day.

2) I often spend too much on new clothes.

→ spend의 뜻: ________________

After You Read

A 글의 내용을 바탕으로, 빈칸에 알맞은 단어를 본문에서 찾아 써 봅시다.

In December, Jeongwon's allowance was 50,000 won. The day after Jeongwon got his monthly allowance, he put 20,000 won in his savings. On December 8th, he bought a new **1** __________ case. On December 10th, he ate *tteokbokki* after school. He also bought a T-shirt for his brother's birthday **2** __________ on December 15th. On December 20th, he got 2,000 won for washing the **3** __________. To get ready for Christmas, he also bought a postcard two days before Christmas. On December 28th, he spent 12,000 won on watching a movie and eating popcorn with his **4** __________.

B 글의 내용과 일치하도록 알맞은 단어를 〈보기〉에서 찾아 표를 완성해 봅시다.

보기 earphones design much too

Jeongwon's thoughts on monthly spending		The plan for next month
☺	☹	
• A new pencil case: I like its **1** ________. • A T-shirt for brother: My brother liked the gift, and I bought it at a discounted price.	Movie & popcorn: I think I spent **2** ________ **3** ________.	I want to buy new **4** ________, so I will try to save more money and help with more housework.

Vocabulary Practice

A 우리말 뜻을 보고 영어 십자말풀이를 완성해 봅시다.

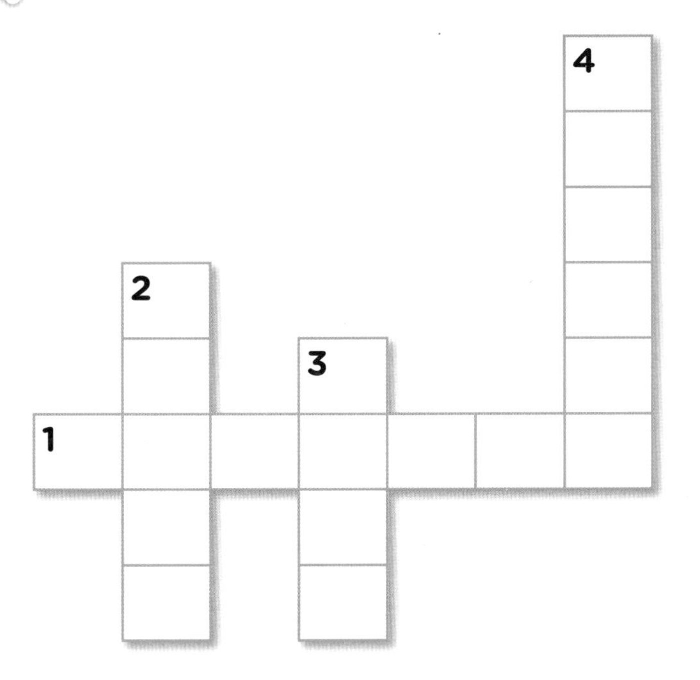

우리말 뜻

across →
1 잔고

down ↓
2 간식
3 저축하다
4 수입

B 주어진 단어의 의미와 서로 관련이 깊은 말의 묶음을 〈보기〉에서 찾아 써 봅시다.

보기

actor　discount　scene　doing laundry
a cheaper price　December　October　cooking

1 housework	______________	______________
2 month	______________	______________
3 movie	______________	______________
4 on sale	______________	______________

Unit 18

Suffering Animals

Good evening, everyone! This is Reporter Swallow from *Daily Animal News*. As you know, climate change is affecting our lives very much. Today, let's invite some animal families on the show and listen to their voices. Please welcome my first guest, Mr. Polar Bear!

We are so tired and hungry now. No one in my family could find anything to eat last week.

Oh my goodness! You must be really hungry and tired. What happened? Tell us more about your situation.

배경지식 위기에 처한 자이언트 판다

지구의 기온이 점점 올라감에 따라 많은 동물들이 힘들어 하고 있답니다. 그중 하나가 바로 귀여운 자이언트 판다(Giant Panda)입니다. 자이언트 판다는 대나무 숲에 살면서 대나무를 먹고 사는데요. 지구온난화로 이 대나무 숲이 빠르게 사라지고 있다고 합니다. 귀여운 판다가 삶의 터전을 잃지 않도록 우리 모두 환경을 보호하는 데 힘써야겠죠?

The ice around our home is melting. It is because the Earth is getting warmer and warmer. Our family has to swim for a long time to hunt. This makes us tired.

That is terrible! I hope your family succeed in hunting and recover health. Thank you for telling us your story, Mr. Polar Bear.

Thank you.

Now, after a short break, let's meet our second guest, Mrs. Turtle. Mrs. Turtle is suffering from a stomachache. What is wrong? Stay tuned to listen to her.

Keywords 밑줄 친 말의 의미가 무엇인지 생각해 써 봅시다.

1 suffer

1) Nowadays, many people in the world <u>suffer</u> from bad air quality.

2) If you <u>suffer</u> from headaches, you should go and see a doctor.

➔ suffer의 뜻: ________________

2 climate

1) The plant grows well in a dry <u>climate</u>.

2) Some birds fly south to a warmer <u>climate</u> for the winter.

➔ climate의 뜻: ________________

After You Read

A 글의 내용을 바탕으로, 빈칸에 알맞은 말을 〈보기〉에서 골라 문장을 완성해 봅시다.

보기 Earth animals family

1 Reporter Swallow meets ____________ from around the world.

2 The first guest of *Daily Animal News* is the father of a polar bear ____________.

3 The ice around Mr. Polar Bear's house is melting because the ____________ is getting warmer.

B 글의 내용과 일치하도록 질문에 대한 응답을 완성해 봅시다.

1
A: What makes the polar bear family tired?
B: They have to ____________ for a long time to ____________.

2
A: Who is the second guest on *Daily Animal News*?
B: The second guest on the program is ____________ ____________.

Vocabulary Practice

A 그림에 알맞은 영어 단어를 〈보기〉에서 찾아 써 봅시다.

보기 break melt recover stomachache

1 ____________________

2 ____________________

3 ____________________

4 ____________________

B 〈보기〉에 있는 알파벳 중 알맞은 것을 찾아 단어를 완성하고, 우리말 뜻을 써 봅시다.

보기 c c d e f f i n s t u u

1 g □ □ s t: ____________________

2 a □ □ e c □ : ____________________

3 s u □ □ e e □ : ____________________

4 □ i t □ a t □ o □ : ____________________

Unit 19

The Science of Black and White Lines

What can you see on the back cover of a book? Yes, that's right. There are black and white lines and some numbers. The black and white lines make up what is called a bar code. A bar code is on every item we can buy at a store. It is like the name tag of an item. It includes information such as the company name or the type of the item.

문법 **비교하는 표현**

than을 사용하면 비교하는 표현을 나타낼 수 있는데요. 예를 들어, "I have more books **than** you do."라고 하면 "나는 너보다 책을 더 많이 갖고 있어."라는 뜻이 됩니다. 길이가 비교적 짧은 형용사나 부사의 경우, 뒤에 'er'를 붙여주면 비교하는 표현을 만들 수 있어요. "Put on your coat. Today is **colder than** yesterday."라고 하면 "코트를 입으렴. 오늘이 어제보다 더 추워."라는 뜻이 되겠죠.

How can we read the information on a bar code? The secret is in the color of the lines. White lines reflect much more light than black lines do. A bar code reader shoots light on the bar code and then figures out how much light is reflected. The bar code reader reads white lines as "0" and black lines as "1." That is, the black and white lines are changed into a series of "0s" and "1s."

A QR code is an upgraded version of a bar code. Inside a QR code are small black and white squares, not lines. It can include more data than a bar code.

Keywords 밑줄 친 말의 의미가 무엇인지 생각해 써 봅시다.

1 reflect

A: How can the moon be so bright?

B: The moon is bright because it reflects the sunlight.

→ reflect의 뜻: ________________

2 figure out

A: Did you get your new smartphone?

B: Yes, but I have to figure out how to use it.

→ figure out의 뜻: ________________

After You Read

A 글의 내용을 바탕으로, 아래 문장이 맞으면 True, 틀리면 False에 ○표 해 봅시다.

1 A bar code does not include information about the company. True | False

2 The bar code reader reads black lines as "0" and white lines as "1." True | False

3 There are small black and white squares in a QR code. True | False

B 주어진 단어들을 다시 배열하여 문장을 완성해 봅시다.

1 여러분들은 책 뒤표지에서 무엇을 볼 수 있나요?

on the back cover / What / of a book / can you see

→ ______________________________?

2 흰색 줄은 검정색 줄보다 빛을 훨씬 더 많이 반사합니다.

much more light / do / than / black lines / White lines reflect

→ ______________________________.

3 QR 코드는 바코드의 개선된 형태입니다.

A QR code / a bar code / is / of / an upgraded version

→ ______________________________.

Vocabulary Practice

A 〈보기〉에 있는 알파벳 중 알맞은 것을 찾아 단어를 완성하고, 우리말 뜻을 써 봅시다.

보기: e g k m n n n p r t

1 it☐m : ____________

2 ma☐e u☐ : ____________

3 ☐a☐e ta☐ : ____________

4 i☐fo☐ma☐io☐ : ____________

B 단어의 뜻을 보고 숨겨진 단어를 찾아 표시하고 빈칸에 써 봅시다.

l	a	v	b	n	y	r	u
i	n	c	l	u	d	e	p
k	u	r	a	s	s	j	g
o	m	w	e	h	t	u	r
u	b	h	j	o	i	u	a
i	e	t	c	o	l	y	d
e	r	m	n	t	w	e	e
g	q	h	c	o	s	e	d

1 포함하다 i____________

2 숫자 n____________

3 (빛 등을) 쏘다 s____________

4 개선된 u____________

Unit 20

Congratulations on Your Graduation!

To Hyobin,

Hello, Hyobin. This is Sangjin, your best friend! I am so happy we got to spend this year together in the same class. Eating lunch and playing soccer together was the best. Do you remember when I hurt my leg in the soccer match this summer? You helped me to the nurse's office. Thank you again for your help. By the way, good luck in middle school. I am sure you will do well.

From Sangjin

어휘 학교의 여러 공간을 가리키는 영어 단어

학교에 있는 여러 장소를 영어로 알아볼까요? 여러분들이 열심히 뛰어 노는 운동장은 playground라고 해요. 실내 스포츠를 즐길 수 있는 체육관은 gym이고요. 신기한 실험을 할 수 있는 과학실은 science room, 노래를 부르고 악기를 연습하는 음악실은 music room이라고 한답니다. 맛있는 점심을 먹는 학교 식당은 cafeteria예요.

To Boyeong,

Hi, Boyeong. Congratulations on your graduation! Thank you for being a great class president. You always respected everyone's opinions. I learned a lot from you on how to listen to others. You also took good care of the rosemary in our classroom. Thanks to you, it is growing well. I hope you enjoy your middle school life. Let's keep in touch.

From Hyobin

To Jongyun,

Hello, Jongyun. We talked a lot this year because you often helped me with math. Thanks to you, now I like math. You told me you want to be a math teacher in the future, right? I am 100% sure you will be a good math teacher. Take care and see you again!

From Boyeong

Keywords 밑줄 친 말의 의미가 무엇인지 생각해 써 봅시다.

1 congratulation

A: Jisu, congratulations on winning the English contest!

B: Thanks for the congratulations! You're so nice!

→ congratulation의 뜻: ____________________

2 graduation

A: What do you want to do after graduation?

B: I want to travel for a while and then look for a job.

→ graduation의 뜻: ____________________

After You Read

A 글의 내용을 바탕으로, 아래 문장이 맞으면 True, 틀리면 False에 ○표 해 봅시다.

1 Hyobin and Sangjin played basketball together. True | False

2 Boyeong took good care of the roses in the classroom. True | False

3 Boyeong thinks Jongyun will be a good math teacher. True | False

B 글의 내용을 바탕으로, 빈칸에 알맞은 단어를 본문에서 찾아 써 봅시다.

Sangjin	→	Hyobin	Sangjin wants to thank Hyobin because he helped Sangjin to the nurse's office when he hurt his **1** ____________.
Hyobin	→	Boyeong	Hyobin wants to thank Boyeong because she was a great class president, and she always respected **2** ____________ **3** ____________.
Boyeong	→	Jongyun	Boyeong wants to thank Jongyun because he helped Boyeong with **4** ____________.

Vocabulary Practice

A 주어진 철자로 시작하는 단어를 바르게 배열하고, 단어의 뜻과 어울리는 그림의 번호를 〈보기〉에서 찾아 써 봅시다.

배열 전	배열 후	그림 번호
clssaoomr	cl________	______
enyoj	en________	______
opninio	op________	______
repsetc	re________	______

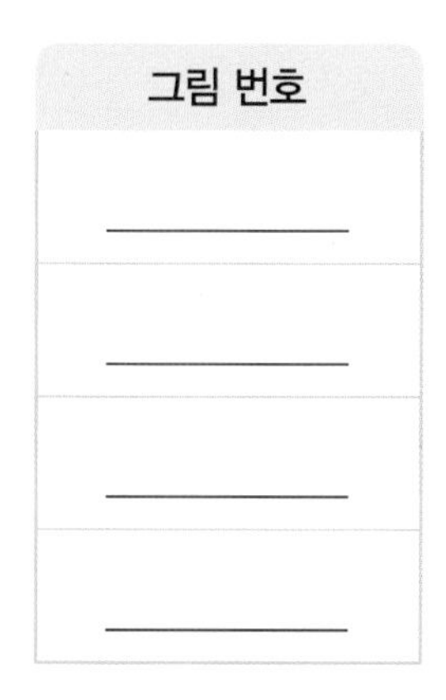

보기

(1) 

(2) 

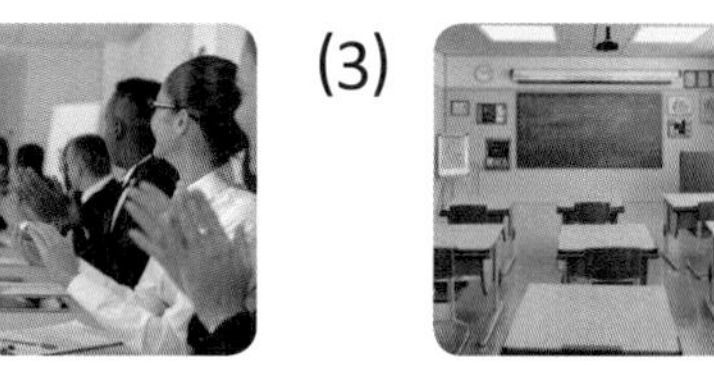

(3) 

(4) 

B 우리말과 같은 뜻이 되도록 빈칸에 알맞은 영어 단어를 〈보기〉에서 찾아 써 봅시다.

보기 president learn match office

1 나 지금 조금 어지러워. 아마 보건실에 가봐야 할 것 같아.

➔ I feel a little bit dizzy now. Maybe I have to go to the nurse's ________.

2 우리 반 모든 학생들은 경찬이를 좋은 반장이라고 생각해.

➔ Every student in our class thinks Gyeongchan is a good class ________.

3 나는 쿠키와 케이크 굽는 법을 배우고 싶어.

➔ I want to ________ how to bake cookies and cakes.

4 이번 주말에 나랑 축구 경기 같이 보는 거 어때?

➔ Why don't you watch a soccer ________ with me this weekend?

MEMO

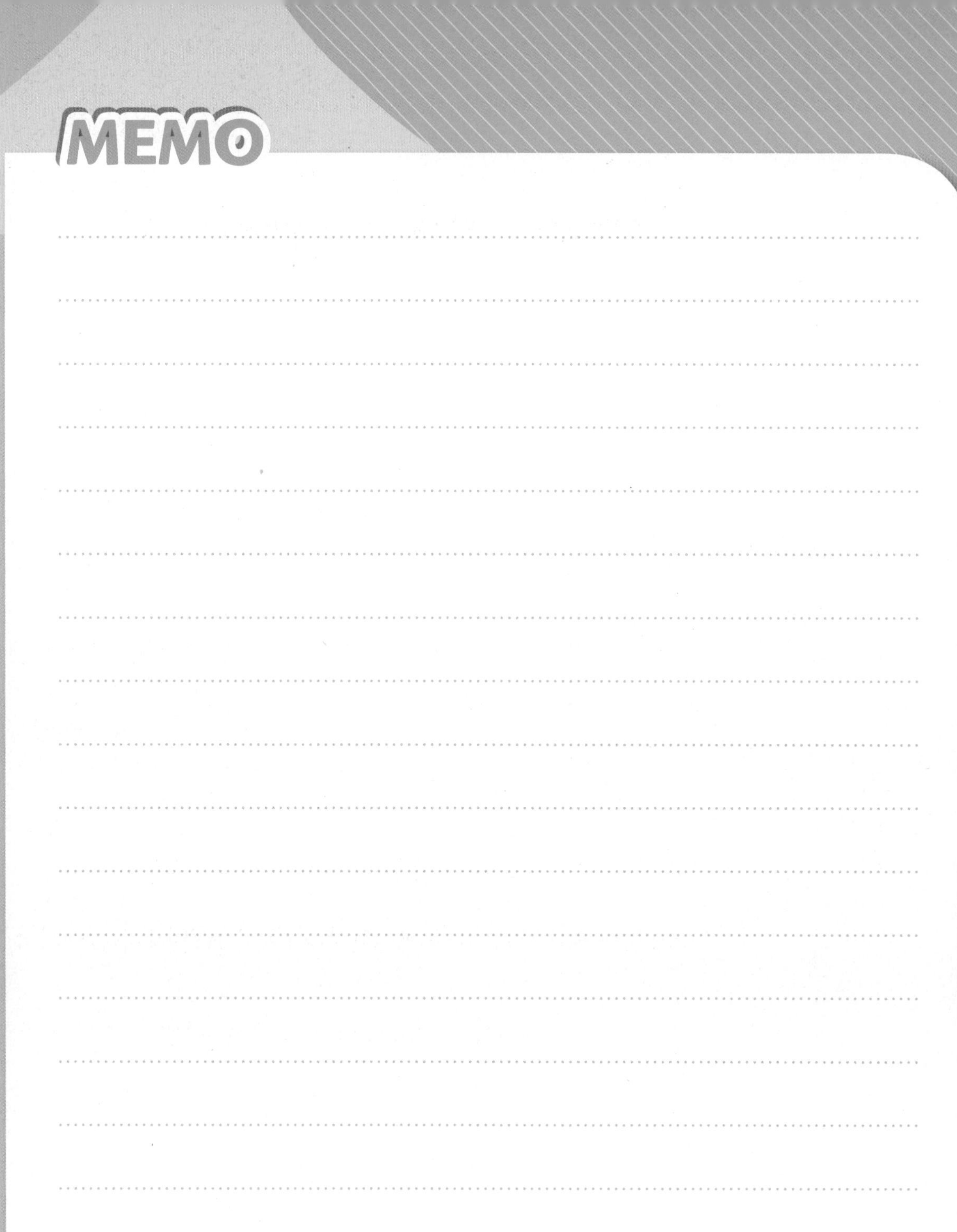
MEMO

예비 중학생을 위한 기본 수학 개념서

30일 수학 상 하

30일 수학 상 하 |2책|

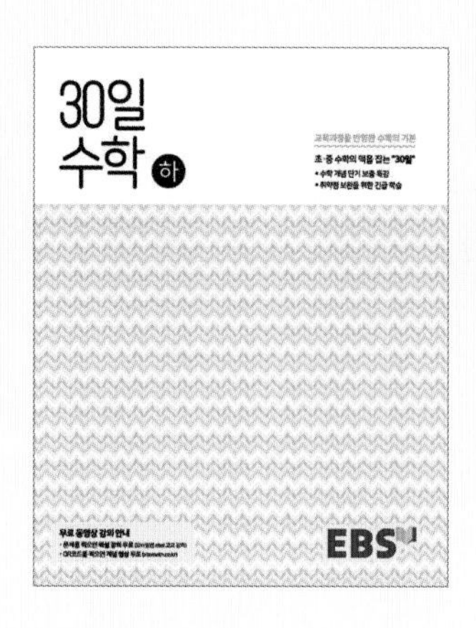

- 수학의 맥을 짚는 **중학 수학 입문서**
- 수학 **영역별 핵심 개념**을 연결하여 **단계적으로 학습**
- 영역별 연습 문항으로 **부족한 영역 집중 마스터**

"중학교 수학, 더 이상의 걱정은 없다!"

EBS

초 | 등 | 부 | 터 EBS

정답과 해설

EBS랑 홈스쿨 초등 영어

HOME SCHOOL

초등 영독해 LEVEL 3

집에서 즐겁게 공부하는 초등 영어

다양한 부가 자료와 함께! TV·인터넷·모바일로 쉽게 하는 홈스쿨링 영어

EBS 초등사이트 eWorkbook(받아쓰기, 단어테스트, 리뷰테스트 등) PDF, MP3와 무료 강의 제공

EBS랑 홈스쿨 초등 영어

HOME SCHOOL

정답과 해설

정답과 해설

Unit 01 Claire's Swimming Journal

지문 해석

1월 3일 금요일

나는 오늘부터 수영 수업을 듣기 시작했다. 오늘은 어떻게 크롤 영법을 하는지 배웠다. 계속 발차기를 했다. 힘들었다. 수영은 무섭지 않고 재미있었다. 나는 수영을 열심히 연습할 것이다.

4월 15일 수요일

나는 일주일에 세 번씩 수영 수업을 듣고 있다. 이제는 크롤 영법이 익숙해졌다. 오늘은 배영을 배웠다. 나는 물 위에 누워 있었다! 매우 신기했다.

7월 6일 월요일

수영하는 법을 배우기 시작한 지 벌써 6개월이 되었다. 수영을 한 시간 하는 것이 처음처럼 힘들지 않다. 요즘은 평영을 배우고 있다. 발차기를 개구리처럼 하는 것이 특히 재미있다.

9월 14일 월요일

오늘 나는 드디어 접영을 배웠다. TV로 수영 경기를 볼 때, 접영이 특히 멋있어 보였다.

어휘

journal 일지, 일기
keep 반복하다, 유지하다
kick 차다; 발길질
scary 무서운, 겁나는
comfortable 편안한
lie 누워 있다, 눕다
amazing 굉장한
already 이미, 벌써
especially 특별히
frog 개구리
finally 마침내, 마지막으로
butterfly 나비
competition 대회, 경쟁

Keywords

1 (특정 과목을) 듣다[수강하다]

1) 그녀는 컴퓨터 수업을 듣는다.
2) 나와 함께 수학 수업을 들을래?

2 연습하다

1) 그는 피아노 공연을 대비하여 연습 중이다.
2) 그녀는 나와 영어를 연습하고 싶어 한다.

After You Read

A

정답

1 배영
2 평영
3 접영
4 1월 3일 금요일
5 4월 15일 수요일
6 9월 14일 월요일

해설

일지에 적힌 대로, 크롤 영법 → 배영 → 평영 → 접영 순서로 배웠으며, 각각 일지에 적힌 날짜는 1월 3일 금요일, 4월 15일 수요일, 7월 6일 월요일, 9월 14일 월요일이다.

B

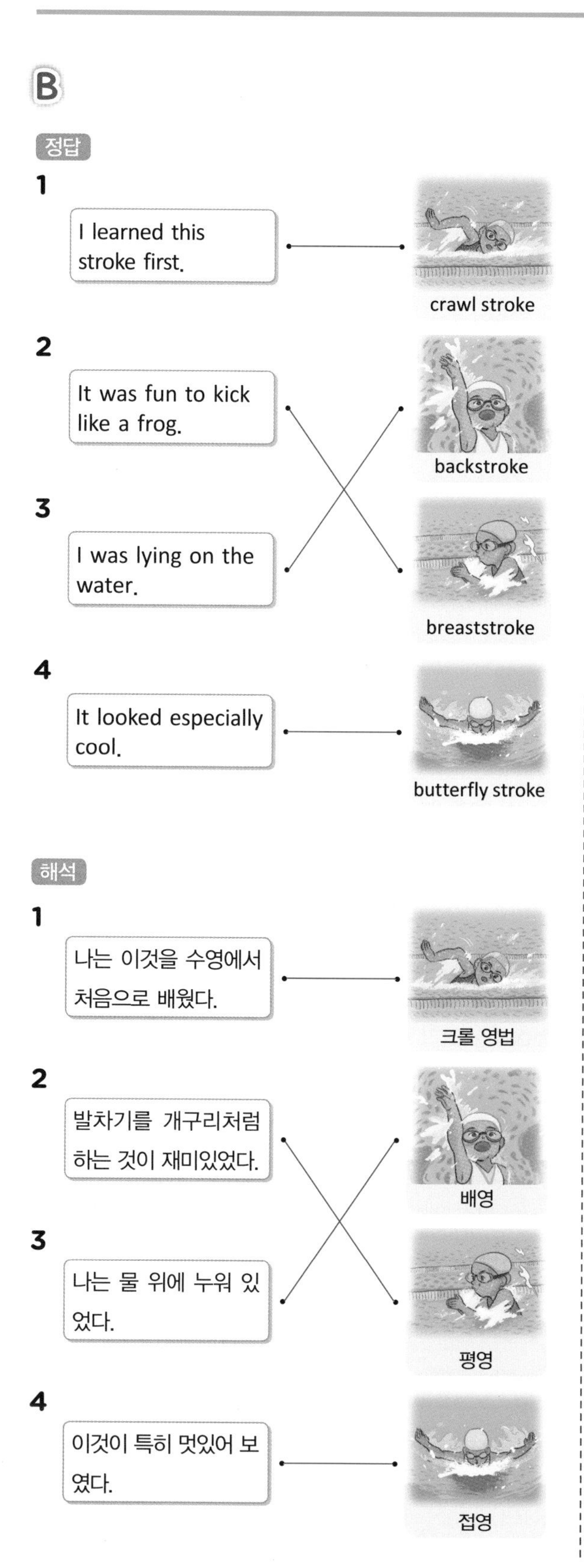

정답
1
I learned this stroke first.
crawl stroke
2
It was fun to kick like a frog.
backstroke
3
I was lying on the water.
breaststroke
4
It looked especially cool.
butterfly stroke
해석
1
나는 이것을 수영에서 처음으로 배웠다.
크롤 영법
2
발차기를 개구리처럼 하는 것이 재미있었다.
배영
3
나는 물 위에 누워 있었다.
평영
4
이것이 특히 멋있어 보였다.
접영

해설

글쓴이가 수영에서 처음으로 배운 것은 크롤 영법이며, 물 위에 누워 있었던 것은 배영이다. 또한, 개구리처럼 발차기를 한 것은 평영이며, TV에서 특히 멋지게 보였던 영법은 접영이다.

Vocabulary Practice

A

정답

q	w	e	r	t	y	u	c	i	o
a	s	d	f	g	h	j	o	k	l
z	x	c	v	b	n	m	m	l	k
q	b	u	t	t	e	r	f	l	y
a	m	n	b	v	c	x	o	z	a
m	l	k	j	h	g	f	r	d	s
a	p	o	i	u	y	t	t	r	e
z	q	m	n	b	v	c	a	x	z
i	l	k	j	h	g	f	b	a	p
n	k	j	h	g	q	w	l	i	e
g	t	g	b	y	h	n	e	w	s

1 굉장한 amazing

2 나비 butterfly

3 편안한 comfortable

4 누워 있다, 눕다 lie

B

정답

1 o, 개구리

2 a, 무서운, 겁나는

3 e, e, i, a, 특별히

4 o, e, i, i, o, 대회, 경쟁

Unit 02

May I Take Your Order?

지문 해석

이번 주는 우리 학교 축제입니다. 지금은 점심시간입니다. 다양한 먹거리가 있네요. 구경을 가서 보도록 합시다!

김치찌개

– 한국 음식
– 이것은 맵고 맛있습니다.
– 주요 재료: 김치, 돼지고기, 고춧가루
– 7,000원

햄버거

– 미국 음식
– 이것은 5분 이내에 나옵니다.
– 주요 재료: 빵, 소고기 패티, 양파, 상추
– 5,500원

스시

– 일본 음식
– 여러 가지 생선이 있습니다.
– 주요 재료: 밥, 생선
– 9,000원
– 오늘은 20% 할인!

스파게티

– 이탈리아 음식
– 맛있는 토마토 소스가 있습니다.
– 주요 재료: 토마토, 면, 새우, 양파
– 8,000원
– 오늘은 15% 할인!

어휘

festival 축제
various 다양한
hot 매운, 더운
delicious 맛있는
pork 돼지고기
serve (음식을) 제공하다
bread 빵
beef 소고기
onion 양파
lettuce 양상추
fish 생선, 물고기
noodle 국수
shrimp 새우
off 할인되어

Keywords

1 (식당에서의) 주문

1) 당신의 주문을 확인할게요. 햄버거 하나와 콜라 하나죠.

2) 요리사는 손님의 주문을 기다리고 있다.

2 재료

1) 우유는 아이스크림의 주요 재료이다.

2) 이 피부 크림은 오직 자연 재료들만 포함한다.

정답

1 7,000원

2 5,500원

3 7,200원

4 6,800원

5 햄버거 → 스파게티 → 김치찌개 → 스시

해설

1 김치찌개는 제시된 가격인 7,000원이다.

2 햄버거는 제시된 가격인 5,500원이다.

3 스시는 제시된 가격인 9,000원에서 20%인 1,800원을 할인하였으므로 7,200원이다.

4 스파게티는 제시된 가격인 8,000원에서 15%인 1,200원을 할인하였으므로 6,800원이다.

5 오늘의 가격을 기준으로 저렴한 순서로 나열하면 햄버거 → 스파게티 → 김치찌개 → 스시이다.

정답

1 Sushi

2 Spaghetti

3 Hamburger

4 Kimchi Stew

해석

요청		메뉴
정원 나는 다양한 생선을 먹고 싶어.	→	1 스시
은혁 나는 토마토 소스를 좋아해.	→	2 스파게티
재영 나는 시간이 별로 없어.	→	3 햄버거
도이 나는 매운 한국 음식을 좋아해.	→	4 김치찌개

해설

정원이는 다양한 생선을 먹고 싶다고 했으므로, 스시의 It has various fish. 설명에 따라 스시를 추천한다. 은혁이는 토마토 소스를 좋아한다고 했으므로, 스파게티의 It has a delicious tomato sauce. 설명에 따라 스파게티를 추천한다. 재영이는 시간이 별로 없다고 했으므로, 햄버거의 It's served within five minutes. 설명에 따라 햄버거를 추천한다. 도이는 매운 한국 음식을 좋아한다고 했으므로, 김치찌개의 It's hot and delicious. 설명에 따라 김치찌개를 추천한다.

Vocabulary Practice

정답

1 noodle

2 bread

3 onion

4 lettuce

5 shrimp

6 fish

해석

1 국수

2 빵

3 양파

4 양상추

5 새우

6 생선

B

정답

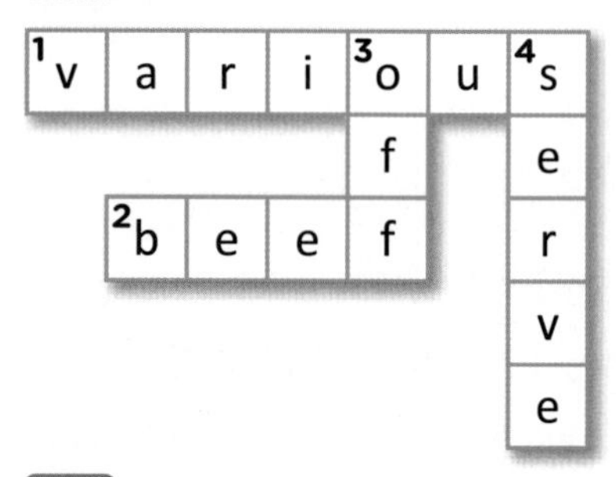

해석

1 다양한

2 소고기

3 할인되어

4 제공하다

Unit 03 Tennis Tournaments

지문 해석

안녕, 내 이름은 수철이야. 내가 매우 좋아하는 운동은 테니스야. 나는 최고의 테니스 대회를 직접 보는 것이 꿈이야. 세계 4대 테니스 대회는 윔블던, 전미 오픈, 프랑스 오픈, 호주 오픈이야.

1 윔블던
이 대회는 1877년에 시작됐어. 이것은 4개 대회 중 가장 오래되었어. 이것은 매년 6월과 7월 사이에 영국 런던의 잔디 코트에서 열려. 모든 선수들은 흰색 옷을 입어야 해.

2 전미 오픈
이 대회는 1881년에 시작됐어. 이것은 4개 대회 중 두 번째로 오래되었어. 이것은 매년 9월에 미국 뉴욕의 하드 코트에서 열려. 이것은 4개 대회 중 가장 상금이 커.

3 프랑스 오픈
이 대회는 1891년에 시작됐어. 이것은 4개 대회 중 세 번째로 오래되었어. 이것은 매년 5월과 6월 사이에 프랑스 파리의 클레이 코트에서 열려.

4 호주 오픈
이 대회는 1905년에 시작됐어. 이것은 4개 대회 중 가장 최근의 것이야. 이것은 매년 1월과 2월 사이에 호주 멜버른의 하드코트에서 열려.

어휘

favorite 매우 좋아하는
June 6월
July 7월
grass 잔디, 풀
wear 입다
September 9월
hard 딱딱한, 단단한, 굳은
May 5월
clay 점토, 찰흙

January 1월
February 2월

Keywords

1 대회, 토너먼트
1) 그녀는 이번 대회의 승자이다.
2) 우리의 목표는 이번 대회를 이기는 것이다.

2 상품으로 받은; 상
1) 나는 내가 상품으로 받은 메달을 굉장히 좋아한다.
2) 우리 팀의 상품으로 받은 컵은 학교의 자랑이다.

After You Read

정답

1 1877년
2 1881년
3 1891년
4 Between June and July
5 Between May and June
6 Between January and February

해석

1 1877년
2 1881년
3 1891년
4 6월과 7월 사이
5 5월과 6월 사이
6 1월과 2월 사이

정답

특징	대회명
1 It has the biggest prize money of the four tournaments.	Wimbledon
2 It is held on a clay court.	The U.S. Open
3 All the players have to wear white clothes.	The French Open
4 It is the youngest of the four tournaments.	The Australian Open

해석

특징	대회명
1 이것은 4개 대회 중 가장 상금이 크다.	윔블던
2 이것은 클레이 코트에서 열린다.	전미 오픈
3 모든 선수들은 흰색 옷을 입어야 한다.	프랑스 오픈
4 이것은 4개 대회 중 가장 최근의 것이다.	호주 오픈

해설

1 전미 오픈의 설명에 It has the biggest prize money of the four tournaments.가 있으므로 상금이 가장 큰 것은 전미 오픈이다.
2 프랑스 오픈의 설명에 It is held every year

between May and June on a clay court in Paris, France. 부분이 있으므로 클레이 코트에서 열린다는 것은 프랑스 오픈에 해당하는 설명이다.

3 윔블던의 설명에 All the players have to wear white clothes.라는 부분이 있으므로, 모든 선수가 흰색 옷을 입어야 한다는 것은 윔블던에 해당하는 설명이다.

4 호주 오픈의 설명에 It is the youngest of the four tournaments. 부분이 있으므로, 4개 대회 중 가장 최근의 것이라는 것은 호주 오픈에 해당하는 설명이다.

Vocabulary Practice

정답

1 January
2 February
3 May
4 June
5 July
6 September

해석

1 1월
2 2월
3 5월
4 6월
5 7월
6 9월

해설

달력에서 빠진 각각의 영어 단어를 적는 문제이므로, 각 월에 해당하는 단어를 적는다.

B

정답

f	a	v	b	n	y	r	w
a	h	j	k	l	u	a	w
v	g	r	a	s	s	j	e
o	q	w	e	r	t	u	a
r	g	h	j	k	i	u	r
i	r	t	c	l	a	y	g
t	g	m	n	q	w	e	u
e	q	w	l	s	a	t	e

1 점토, 찰흙 clay
2 매우 좋아하는 favorite
3 잔디, 풀 grass
4 입다 wear

Unit 04 Time Is Amazing!

지문 해석

가연이는 노래 부르는 것을 좋아합니다. 그녀는 매일 음악 학원에서 1시간씩 노래 수업을 듣습니다. 그녀는 음악 학원에서의 한 시간이 부족하다고 생각합니다. '벌써 집에 갈 시간이잖아. 1시간이 마치 10분처럼 짧게 느껴지네!'

지민이는 치과에 갔습니다. 의사 선생님이 말씀하셨습니다. "치료는 1시간 걸릴 거예요." 지민이는 치과에서의 시간이 무서웠습니다. 1시간이 마치 10시간처럼 길게 느껴졌습니다.

새미는 봉사활동을 하러 갔습니다. 그는 1시간 동안 도서관 청소를 했습니다. 지난주에 혼자 갔을 때는 1시간이 마치 2시간처럼 길게 느껴졌습니다. 그런데 이번 주는 친구인 찬현이와 함께 갔습니다. 그랬더니 1시간이 마치 30분처럼 짧게 느껴졌습니다.

시간은 놀랍습니다. 1시간은 누구에게나 같습니다. 그렇지만 어떤 때는 짧게 느껴지고, 어떤 때는 길게 느껴지기도 합니다.

어휘

amazing (감탄스럽도록) 놀라운
take (과목을) 듣다, 수강하다, (시간이) 걸리다
hour 1시간, 시간
academy 학원, 전문학교
short 짧은
dentist 치과의사
treatment 치료, 처치
scared 겁먹은
volunteer 자발적인, 자원하는; 지원자
volunteer work 봉사활동
alone 혼자
sometimes 때때로, 가끔

Keywords

1 (감탄스럽도록) 놀라운

1) 나는 어제 놀라운 영화를 보았다.
2) 정말 놀라운 이야기야!

2 치료, 처치

1) 그는 치료를 받으러 병원에 다녀야 했다.
2) 이 치료가 없으면, 그녀는 곧 죽을 것이다.

After You Read

정답

1 Taking singing lessons
2 Going to the dentist
3 Doing volunteer work with his friend
4 10 minutes
5 10 hours
6 30 minutes

해석

등장 인물	한 일	실제 걸린 시간	인물이 느낀 시간
가연	**1** 노래 수업 받기	1시간	**4** 10분
지민	**2** 치과에 가기	1시간	**5** 10시간
새미	혼자 봉사활동 하기	1시간	2시간
새미	**3** 친구와 함께 봉사활동 하기	1시간	**6** 30분

해설

가연이는 노래 수업을 받을 때 1시간이 10분처럼 짧게 느껴졌다고 했다. 지민이는 치과에서 진료를 받을 때 무서웠고 1시간이 10시간처럼 길게 느껴졌다고 했다. 새미는 도서관에 봉사활동을 갔을 때 혼자 할 때는 2시간처럼 길

게 느껴졌지만 친구인 찬현이와 함께 했을 때는 30분처럼 짧게 느껴졌다고 했다.

정답

1 An hour felt as long as 10 hours.
2 He went to do volunteer work.
3 An hour is the same for everyone.

Vocabulary Practice

정답

1 dentist
2 library, volunteer
3 Sometimes

해석

1 치과의사
2 도서관, 자발적인
3 때때로

정답

1 hour, 1시간, 시간
2 take, (과목을) 듣다, 수강하다
3 alone, 혼자
4 short, 짧은

Unit 05 Wonderful Croatia!

지문 해석

희경아 안녕!
방학은 어떻게 보내고 있니?
나는 가족과 함께 크로아티아 여행을 하고 있어.
나는 지금 성 마르코 성당 앞이야.
이것은 자그레브에서 가장 오래된 건축물 중 하나야.
지붕 위에 있는 빨강, 파랑, 흰색 모자이크 타일이 아주 아름다워.
너에게 사진을 몇 장 보내는 중이야. 즐겁게 감상하렴!

수철이가

희경아!
이 사진은 플리트비체 국립공원이야.
이곳은 크로아티아의 첫 번째 국립공원이야.
여기서는 아름다운 자연 풍경을 볼 수 있어.
이곳에는 많은 나무와 깨끗하고 아름다운 호수들이 있어.
매일 많은 관광객들이 이 풍경을 보기 위해 이곳에 와.
나는 네가 언젠가 이곳에 와보길 추천해.
크로아티아는 정말 멋진 곳이야!

수철이가

어휘

vacation 방학
building 건물
send 보내다, 발송하다
enjoy 즐기다
lake 호수

national 국가의
park 공원
scenery 경치, 풍경
recommend 추천하다
someday 언젠가
wonderful 아주 멋진, 경이로운

Keywords

1 여행하다

1) 그녀는 업무적으로 널리 여행한다.

2) 나는 전 세계를 여행하고 싶다.

2 관광객

1) 나는 서울에서 많은 미국인 관광객들을 본다.

2) 관광객 안내소는 어디에 있습니까?

After You Read

정답

1 False
2 False
3 True

해석

1 수철이는 친구들과 함께 여행을 하는 중이다.
2 성 마르코 성당은 검은색 지붕을 가지고 있다.
3 플리트비체 국립공원은 크로아티아의 첫 번째 국립공원이다.

해설

1 I'm traveling in Croatia with my family. 표현으로 보아, 수철이는 친구가 아닌 가족과 함께 여행을 하고 있다.

2 성 마르코 성당에 대한 설명에 The red, blue, and white mosaic tiles on the roof are so beautiful.이 있으므로, 검은색 지붕을 가지고 있다는 것은 틀린 설명이다.

3 플리트비체 국립공원에 대한 설명에서 This is the first national park in Croatia.가 있으므로 주어진 문장은 옳은 내용이다.

B

정답

1 How is your vacation going?
2 Croatia is such a wonderful place!
3 This is the first national park in Croatia.

Vocabulary Practice

A

정답

1 send
2 building
3 park
4 lake

해석

1 보내다, 발송하다
2 건물
3 공원
4 호수

B

정답

v	a	c	a	t	i	o	n
q	m	e	r	r	t	y	a
a	w	t	f	g	j	u	t
z	b	y	v	b	n	i	i
x	e	n	j	o	y	o	o
s	e	i	u	i	o	h	n
w	d	o	l	k	f	g	a
s	c	e	n	e	r	y	l

1 방학 vacation

2 국가의 national

3 즐기다 enjoy

4 경치, 풍경 scenery

Unit 06

Should I Make a Study Plan for the Vacation?

지문 해석

우리 학교의 방학은 5주입니다. 우리는 방학을 위한 공부계획을 만들어야 할까요? 정현과 상명이 생각하는 것을 들어봅시다. 여러분은 누구의 의견에 동의하나요?

〈정현〉

나는 방학을 위한 공부계획을 만들어야 한다고 생각하지 않아. 방학은 매일 학교를 가는 것과는 달라. 내가 필요한 것은 쉴 수 있는 약간의 시간이야. 나는 또한 가능한 한 많은 책을 읽고 싶어. 나는 정말 어떤 계획 없이 자유롭게 내 시간을 보내고 싶어.

〈상명〉

나는 방학을 위한 공부계획을 만들어야 한다고 생각해. 방학 동안에도 집에서 좋은 공부 습관을 유지하는 것이 중요해. 계획을 세우지 않으면 게을러지기 쉬워. 만약 네가 방학 동안 게을러진다면, 개학할 때 학업에 익숙해지기 어려워.

어휘

agree 동의하다
need 필요로 하다, 해야 한다
different 다른, 차이가 나는
relax 휴식을 취하다
would like to ~하고 싶다, ~하는 것을 바라다
spend (시간을) 보내다, (돈을) 쓰다
without ~ 없이
important 중요한
habit 습관
lazy 게으른
during ~ 동안

Keywords

1 계획

1) 그녀는 이번 여름 계획이 있나요?

2) 나는 지금은 내 계획을 변경할 수 없다.

 의견

1) 내 의견을 형성하는 데 더 많은 시간이 필요하다.

2) 내가 그것에 대해 생각해보고, 너에게 내 의견을 줄게.

After You Read

A

정답

1 do not need
2 need
3 different
4 relax
5 spend
6 keep
7 habits
8 lazy

해석

정현의 의견	상명의 의견
방학을 위한 공부계획을 만들 필요가 없다.	방학을 위한 공부계획을 만들 필요가 있다.
• 방학은 매일 학교를 가는 것과는 다르다. • 나는 약간의 쉴 시간을 원한다. • 나는 자유롭게 내 시간을 보내기를 원한다.	• 방학에도 집에서 좋은 공부 습관을 유지하는 것이 중요하다. • 계획을 세우지 않으면 게을러지기 쉽다.

B

정답

1 Whose opinion do you agree with?
2 All I want is some time to relax.
3 I want to read as many books as possible.

Vocabulary Practice

A

정답

1 spend
2 different
3 during
4 important

B

정답

1 lazy, 게으른
2 relax, 휴식을 취하다
3 habit, 습관
4 agree, 동의하다

Unit 07 The Origin of the Wrinkled Straw

지문 해석

사람들은 일상의 다양한 문제를 해결하기 위해 새로운 것들을 만든다. 때로는 작은 변화가 우리 생활을 훨씬 더 좋게 만든다.

조셉 프리드먼이 한 일이 좋은 예시이다. 어느 날, 조셉은 그의 어린 딸이 밀크셰이크를 먹는 모습을 보았다. 그녀는 곧은 종이 빨대로 마시려고 노력하고 있었지만, 그녀에게는 힘이 들었다. 조셉은 '빨대 안에 주름을 만들면 어떨까?'라고 생각했다.

조셉은 빨대 안에 나사를 집어넣고 그것 안에 주름을 만들었다. 그러고 나서 그의 딸은 새로운 이 빨대를 사용하여 편하게 밀크셰이크를 먹을 수 있었다. 이후 그는 주름빨대들을 만들기 위하여 회사를 설립했다. 주름빨대는 특히 어린이들과 병원의 환자들에게 유용했다.

작은 사랑과 관심이 이것을 가능하게 만들었다. 새로운 물건을 만드는 시작은 우리 안에 있다.

어휘

solve 해결하다
various 다양한, 여러 가지의
problem 문제
change 변화; 변하다
try 노력하다, 애를 쓰다
straight 똑바로, 일직선으로
straw 빨대
wrinkle 주름을 잡다; 주름
screw 나사
company 회사
especially 특히, 특별히
hospital 병원
patient 환자
start 시작하다
within ~의 안에

Keywords

1 기원

1) 그 단어의 기원은 확실하지 않다.
2) 지구 생명체의 기원을 누가 알겠는가?

2 가능한

1) 거기는 버스로 가는 것이 가능하다.
2) 그녀의 준비가 완벽한 회의를 가능하게 했다.

After You Read

정답

1 change
2 better
3 start
4 within

해석

사람들은 매일의 다양한 문제를 해결하기 위해 새로운 것들을 만든다. 때로는 작은 변화가 우리 생활을 훨씬 더 좋게 만든다. 예를 들어, 한 아버지가 딸을 위하는 마음에서 주름빨대를 만들었다. 작은 사랑과 관심이 이것을 가능하게 만들었다. 새로운 물건을 만드는 시작은 우리 안에 있다.

정답 ③

해석

조셉의 딸은 ① 곧은 종이 빨대로 밀크셰이크를 마시려고 노력하고 있었다.

조셉은 ② 빨대 안에 나사를 집어넣고 그것 안에 주름을 만들었다.

그러고 나서 그의 딸은 ③ 그 새로운 빨대를 사용하여 편하게 밀크셰이크를 마실 수 있었다.

해설

①, ②는 곧은 빨대 모양이고, ③은 주름빨대 모양이다.

Vocabulary Practice

A

정답

1 screw
2 straight
3 wrinkle
4 hospital

해석

1 나사
2 똑바로, 일직선으로
3 주름을 잡다; 주름
4 병원

B

정답

1 various
2 solve, problem
3 patient

해석

1 다양한
2 해결하다, 문제
3 환자

Dear Future Me

지문 해석

미래의 Claire에게,

이 편지는 12살 Claire에게서 온 것입니다.
당신은 틀림없이 2041년을 살고 있을 것입니다. 이것은 당신이 32살이라는 것을 의미합니다.
나는 지금 초등학교 5학년입니다.
나는 글쓰기와 정보를 다른 사람들과 나누는 것을 좋아합니다.
내 꿈이 무엇인지 아나요?
나는 미래에 신문 기자가 되고 싶습니다.
당신은 무슨 직업을 가지고 있나요?
요즘은 어떻게 지내나요?
나의 멋진 미래를 생각하니 기분이 좋아요.

사랑을 담아, Claire가

20년 전의 Claire에게,
오늘 아침, 나는 20년 전에 네가 나에게 쓴 편지를 발견했어.
너는 너의 미래를 매우 간절히 알고 싶을 것임에 틀림없어.
너는 여태껏 잘해왔어. 나는 네가 자랑스러워.
나는 유명한 신문 기자야. 나는 나의 직업을 사랑해.
나는 꽤 바빠. 나는 나의 날아다니는 자동차 안에서 이 편지를 쓰고 있어.
나는 종종 나의 어린 시절이 그리워.
부디 건강히 잘 지내고, 계속 수고하도록 하렴.

사랑을 담아, Claire가

어휘

grade 학년
write 쓰다, 작성하다
share 공유하다, 나누다

information 정보
newspaper 신문
job 직장, 일
wonderful 아주 멋진
find 찾다, 발견하다
anxious 간절히 바라는, 불안해하는
famous 유명한
fly 날다
miss 그리워하다, 놓치다
childhood 어린 시절
healthy 건강한

Keywords

1 미래

1) 나는 미래에 가수가 되고 싶다.
2) 아무도 미래는 알 수 없다.

2 편지

1) 오빠에게 편지를 받아서 나는 매우 기쁘다.
2) 나는 나의 여동생에게 편지를 쓰는 중이다.

After You Read

정답

1 12
2 32
3 sharing
4 reporter
5 future
6 letter
7 famous
8 childhood

해석

2021년	2041년
Claire: 12살	Claire: 32살
• 나는 글쓰기를 좋아하고 다른 사람들과 정보를 나누는 것을 좋아한다. • 신문 기자가 되는 것이 나의 꿈이다. • 나의 멋진 미래를 생각하니 기분이 좋다.	• 나는 오늘 아침에 네가 나에게 쓴 편지를 발견했다. • 나는 유명한 신문기자이다. • 나는 종종 나의 어린 시절이 그립다.

정답

1 This letter is from Claire.
2 You must be anxious to know your future.
3 It feels great to think of my wonderful future.

Vocabulary Practice

정답

		2 a	
1 f	i	n	d
l		x	
y		i	
		o	
		u	
3 m	i	s	s

B

정답

1 o, 직업

2 a e, 학년

3 i o o, 어린 시절

4 e, a, e, 신문

Unit 09 The Diderot Effect

지문 해석

디드로 씨는 친구에게서 멋진 빨간 옷을 받았어요. 그는 새 옷을 입고 책상 앞에 앉았어요. 그리고 그는 생각했어요. '이렇게 아름다운 옷과 이 낡은 책상은 어울리지 않아.'

그래서 디드로 씨는 책상을 새로 구입했고, 새로운 책상 앞에 앉았어요. 그랬더니 책상 옆의 책장이 너무나 낡아 보였어요. '이렇게 아름다운 책상과 이 낡은 책장은 어울리지 않아.' 그렇게 그는 방 안의 모든 가구를 바꾸기 시작했어요. 이 이야기는 18세기 프랑스 사람인 드니 디드로에게 실제로 있었던 이야기입니다.

새로운 것을 살 때, 잠시 동안 행복합니다. 그러나 곧 그것과 어울리는 새로운 제품들을 사고 싶어집니다. 우리는 이것을 디드로 효과라고 해요. 왜 사람들은 디드로 효과를 경험할까요? 사람들은 물건들이 서로 잘 어울리면 더 기분이 좋기 때문입니다.

어휘

outfit 옷
desk 책상
bookshelf 책꽂이
begin 시작하다
change 변하다, 달라지다
furniture 가구
actually 실제로
happen 발생하다
century 세기, 100년
experience 겪다, 경험하다

Keywords

1 효과

1) 의사는 그 치료의 효과에 대해 설명했다.

2) 온실 효과가 심각하다.

2 생산품, 제품

1) 우리는 팔 새로운 생산품들이 필요하다.

2) 나는 천연 제품들을 좋아한다.

After You Read

A

정답

1 False

2 True

3 False

해석

1 디드로 씨는 옷을 받은 후 다른 것을 구매하지 않았다.

2 사람들은 물건들이 서로 잘 어울리면 더 기분이 좋다.

3 디드로 효과 이야기는 실제의 것이 아니라 만들어 낸 것이다.

해설

1 이 글에서 디드로 씨는 처음 옷을 받은 이후, 책상과 책장을 구매하고 결국 방 안의 모든 가구를 바꾸게 되었으므로, 다른 것을 구매하지 않았다고 하는 것은 옳지 않다.

2 사람들이 디드로 효과를 경험하는 이유로 It is because they feel better when things go together.를 들었으므로 이는 옳다.

3 This story actually happened to the Frenchman Denis Diderot in the 18th century. 문장으로 보아 디드로 효과 이야기는 실제 존재하는 것이므로 제시된 문장은 옳지 않다.

B

정답

1 outfit
2 desk
3 bookshelf
4 furniture

해석

그는 친구에게서 옷을 받았다.

그는 새로운 책상을 구매했다.

그는 새로운 책장을 구매했다.

그는 다른 가구를 구매했다.

Vocabulary Practice

A

정답

1 bookshelf
2 desk
3 experience
4 furniture

B

정답

q	c	a	a	x	c
w	h	s	d	b	e
h	a	p	p	e	n
v	n	d	h	g	t
b	g	f	j	i	u
n	e	g	f	n	r
m	z	h	g	l	y

1 세기, 100년 century
2 시작하다 begin
3 발생하다 happen
4 변하다, 달라지다 change

Unit 10 Life in the Future

지문 해석

"좋은 아침입니다. 일어날 시각입니다." 지영이는 일어

나자마자, 건강 체크 기계에 손을 둡니다. "모두 정상입니다. 비타민 C가 포함된 음식을 좀 드세요." 지영이가 화장실에서 로봇 칫솔을 가지고 양치질을 합니다. 로봇 칫솔이 말합니다. "당신은 치과에 가봐야 할 때입니다. 다음 주로 치과를 예약하겠습니다."

아침식사가 요리 로봇에 의해 만들어집니다. 냉장고가 말합니다. "우유가 없습니다." 그러자 지영이의 아빠가 버튼을 누르고 우유를 구매합니다. 드론이 오후 늦게 그들의 집으로 그것을 배달할 거예요.

거울이 말합니다. "오늘은 맑은 날씨이고, 기온은 2도입니다." 지영이는 오늘 친구들과 스키를 타러 가기로 계획하고 있어요. 스키를 타고 온 후, 그녀는 따뜻한 물에 목욕을 할 거예요. 인공지능이 적당한 목욕물 온도를 미리 준비해 줄 거예요.

이미 우리의 생활은 변화하기 시작했어요. 우리의 생활은 앞으로 얼마나 더 발전하게 될까요?

어휘

health 건강
machine 기계
everything 모든 것
normal 정상적인, 보통의
toothbrush 칫솔
book 예약하다; 책
dentist 치과, 치과의사
appointment 예약
fridge 냉장고
deliver 배달하다
temperature 기온, 온도
bath 목욕, 욕조
proper 적절한

Keywords

1 건강

1) 그녀는 건강을 위해 운동한다.

2) 잠을 잘 자는 것은 건강과 관련있다.

2 준비하다

1) 나는 보고서를 준비해야 한다.

2) 정 선생님은 항상 수업 준비를 하신다.

After You Read

정답

1 put
2 robot
3 fridge
4 weather

해석

지영이가 일어났을 때	지영이가 양치질을 할 때
• 그녀는 건강 체크 기계에 손을 둔다.	• 그녀는 로봇 칫솔로 양치질을 한다.
지영이가 음식 재료가 떨어졌을 때	지영이가 외출하기 전
• 냉장고는 그녀에게 무엇이 필요한지 말해준다.	• 거울은 그녀에게 날씨가 어떤지를 말해준다.

정답

1 A drone will deliver it to their home.

2 Our lives have already begun to change.

3 She is planning to go skiing with her friends.

Vocabulary Practice

A

정답

1 proper, 적절한

2 normal, 정상적인, 보통의

3 deliver, 배달하다

4 machine, 기계

B

정답

1 i, e, 냉장고

2 o, o, u, 칫솔

3 a, o, i, e, 예약

4 e, e, a, u, e, 기온, 온도

Unit 11 How to Recycle Properly

지문 해석

○○ 아파트에 살고 있는 모든 사람들에게

여러분들 중 대부분은 재활용이 중요하다는 것을 알고 있습니다. 재활용은 쓰레기를 줄여주고 환경을 보호해줄 수 있습니다. 하지만, 많은 사람들은 적절하게 재활용하는 방법을 모릅니다. 여기 여러분을 위한 몇 가지 유용한 조언들이 있습니다.

적절한 재활용을 위한 조언들

종이 및 두꺼운 종이 상자

1 재활용을 위해 종이나 두꺼운 종이 상자를 버리기 전에 그 위에 있는 스티커나 테이프를 모두 제거해야 합니다.

플라스틱 병

2 플라스틱 병을 버릴 때 병에 있는 상표들을 제거해야 합니다.

3 플라스틱 병을 재활용하기 전에 병을 헹구는 것도 중요합니다.

유리병

4 유리병과 병뚜껑을 같이 버리지 마세요. 병뚜껑은 유리가 아닙니다.

5 유리병이 깨졌다면, 깨진 유리병은 일반쓰레기와 함께 버려야 합니다. 유리병 재활용 통에 넣으면 안 됩니다. 또한 깨진 유리병은 반드시 신문지로 싸야 합니다. 깨진 병들은 위험합니다.

어휘

recycle 재활용하다
properly 적절하게
important 중요한
reduce 줄이다
waste 쓰레기
protect 보호하다
environment 환경
useful 유용한
tip 조언, 방법
cardboard box 두꺼운 종이 상자
throw out 버리다
remove 제거하다
label 상표
rinse 헹구다
cap 뚜껑

bin 통
wrap 감싸다, 포장하다
dangerous 위험한

Keywords

1 재활용하다
1) 한국은 음식물 쓰레기의 80%를 재활용한다.
2) 오염을 줄이기 위해, 중고물품을 재활용해야 한다.

2 환경
1) 선생님들은 학생들을 위한 안전한 환경을 만들기 위해 노력하고 있다.
2) 너 피곤해 보여. 잠자는 환경을 바꿔보는 건 어때?

After You Read

정답

1 True
2 False
3 False

해석

1 우리는 재활용을 함으로써 환경을 보호할 수 있다.
2 종이 상자를 재활용할 때 스티커를 제거할 필요는 없다.
3 깨진 유리병은 유리 재활용을 위한 통에 넣어야 한다.

해설

1 Recycling can reduce waste and protect the environment.라는 설명으로 보아 재활용을 하면 환경을 보호할 수 있다는 것은 옳은 내용이다.
2 종이 상자의 재활용에 대한 설명에서 you should remove any stickers or tape on them이라고 했으므로 스티커나 테이프를 제거해야 함을 확인할 수 있다.
3 유리병의 재활용에 대한 설명에서 They should not go into the bin for glass recycling.이라고 했으므로, 깨진 유리병은 유리 재활용을 위한 통에 넣으면 안 된다는 것을 확인할 수 있다.

B

정답

1 Most of you know recycling is important.
2 Here are some useful tips for you.
3 It is also important to rinse the bottles before recycling them.

Vocabulary Practice

A

정답

배열 전	배열 후	그림 번호
prtoetc	protect	(2)
reudec	reduce	(1)
riens	rinse	(4)
wates	waste	(3)

B

정답

1 tip

2 cap
3 wrap
4 properly

Unit 12

What to Play on Sports Day?

지문 해석

우리 학교의 운동회는 다음 달입니다. 운동회를 준비하기 전에, 학생회는 학생들이 (운동회 때) 어떤 스포츠를 하고 싶은지 알고 싶었습니다. 학생회는 학교 운동회를 위한 상위 네 개의 스포츠를 선택할 수 있도록 설문조사를 만들기로 결정했습니다. (설문) 결과를 보도록 하죠.

Q 운동회 때 어떤 스포츠를 하고 싶습니까? 한 가지를 고르세요.

스포츠	줄다리기	이어달리기	배드민턴
학생 수	50	40	20
스포츠	축구	농구	야구
학생 수	15	10	5

인영아, 너는 운동회 때 뭘 하고 싶니?
나는 줄다리기를 하고 싶어. 재미도 있고 많은 학생들이 참여할 수 있으니까. 다른 스포츠보다 안전하기도 하고. 또, 나는 우리가 모두 함께 노력하면 이길 수 있다는 그 느낌이 좋아.
재훈아, 너는 어때?
이어달리기! 나는 작년에 이어달리기를 했었어. 정말 신이 났어. 나는 달리기를 잘하는데, 그래서 우리 팀을 위해 달리고 싶어.

어휘

sports day 운동회
student council 학생회
decide 결정하다
survey 설문조사
choose 고르다
result 결과
tug of war 줄다리기
relay race 이어달리기
participate 참여하다
safe 안전한
thrilling 아주 신나는

Keywords

1 결정하다
1) 점심으로 무엇을 먹을지 결정하는 것은 어렵다.
2) 나는 할아버지 생신선물로 무엇을 살지를 결정해야 한다.

2 설문조사
1) 그 설문조사 결과는 이 학교 대부분의 학생들이 영어를 좋아한다는 것을 보여준다.
2) 우리가 설문조사를 하면, 많은 사람들로부터 (생각을) 들을 수 있다.

After You Read

A

정답

1 month
2 choose
3 badminton
4 baseball

해석

다음 달에 다가오는 운동회를 위해 학생회는 운동회를 위한 스포츠로 무엇을 골라야 할지 결정하기 위해 설문조사를 만들었다. 설문조사 결과는 줄다리기, 이어달리기, 배드민턴, 그리고 축구가 학생들이 가장 하고 싶은 상위 네 개의 스포츠임을 보여준다. 농구와 야구가 그 뒤를 잇는다.

해설

본문의 내용과 일치하도록 빈칸을 채워 완성한다.

B

정답

1) 인영: tug of war, working together, safer than other sports (순서 상관없음)
2) 재훈: relay race, thrilling, last year's experience (순서 상관없음)

해석

1) 줄다리기, 함께 노력함, 다른 스포츠보다 안전한
2) 이어달리기, 아주 신나는, 작년의 경험

해설

인영이는 줄다리기를 운동회 때 하고 싶어 한다. 모두가 다 함께 노력하는 스포츠이고 다른 종목보다 안전하다고 생각하기 때문이다. 한편, 재훈이는 이어달리기를 하고 싶어 한다. 달리기에 자신이 있고 작년 운동회 때 재미있게 참여했던 경험이 있기 때문이다.

Vocabulary Practice

A

정답

1 tug of war
2 student council
3 result
4 sports day

B

정답

1 soccer
2 thrilling
3 basketball
4 participate

Unit 13 What Is Your Comfort Food?

지문 해석

반 친구 여러분, 안녕하세요! 오늘 저는 여러분께 제 기분을 좋게 해주는 음식에 대해 이야기하도록 하겠습니다. 제 기분을 좋게 해주는 음식은 토마토를 곁들인 계란볶음입니다. 이 음식은 매우 맛있습니다. 제 할머니는 이 음식을 매우 잘 만드십니다. 바쁜 아침에 할머니는 아침식사로 토마토를 곁들인 계란볶음을 만들어 주십니다. 아침 일찍 졸릴 때 이 음식이 제 기분을 더 좋게 해줍니다. 하루를 기운차게 시작할 수 있죠. 제 기분을 좋게 해주는 음식을 만드는 방법입니다.

토마토를 곁들인 계란볶음 만드는 방법

〈재료〉

계란 두 개, 토마토 두 개, 우유, 간장, 소금, 파, 올리브유

〈요리법〉

1. 계란을 우유 두 큰술, 간장 두 큰술과 함께 섞습니다.
2. 토마토와 파를 작은 조각으로 썰어 줍니다.
3. 프라이팬에 올리브유를 넣고 팬을 달궈 줍니다.
4. 팬에 썬 파를 넣어 줍니다.
5. 팬에 계란과 소금 조금을 넣고 계란을 휘저어 익혀 줍니다.
6. 팬에 썬 토마토를 넣고 모든 것을 함께 섞어 줍니다.

완성되었습니다! 이 음식을 밥이나 토스트와 곁들여 먹어 보세요. 이 음식은 매우 맛있습니다.

어휘

comfort 편안함, 위로
scramble (달걀을) 휘저어 익히다
delicious 맛있는
busy 바쁜
breakfast 아침식사
energy 기운, 에너지
ingredient 재료
soy sauce 간장
green onion 파
recipe 요리법
mix 섞다
tablespoon 큰술 (↔ teaspoon 작은술)
chop 썰다
heat 열을 가하다
taste 맛이 ~하다

Keywords

1 편안함, 위로

1) 파란 하늘을 올려다보는 것은 나에게 많은 편안함을 준다.

2) 그녀의 따뜻한 말은 나에게 정말 위로가 되었다.

2 요리법

1) 이 수프 진짜 맛있다. 나한테 요리법을 알려줄 수 있니?

2) 아빠는 특별한 카레라이스 요리법을 갖고 있다.

After You Read

정답

1 comfort
2 mornings
3 grandmother
4 start

해석

수현이는 같은 반 친구들에게 자신의 기분을 좋게 해주는 음식에 대해 이야기하고 있다. 그것은 토마토를 곁들인 계란볶음이다. 바쁜 아침에 수현이의 할머니는 가족을 위해 그것을 만든다. 그것은 수현이가 하루를 기운차게 시작할 수 있도록 돕는다.

해설

본문의 내용과 일치하도록 빈칸을 완성한다.

B

정답

1 two tablespoons of milk and soy sauce
2 Put olive oil in a frying pan
3 scramble the eggs

해석

토마토를 곁들인 계란볶음 만드는 방법

1) 계란을 **1** 우유 두 큰술, 간장 두 큰술과 함께 섞습니다.
2) 토마토와 파를 작은 조각으로 썰어 줍니다.
3) **2** 프라이팬에 올리브유를 넣고 팬을 달궈 줍니다.
4) 팬에 썬 파를 넣어 줍니다.
5) 팬에 계란과 소금 조금을 넣고 **3** 계란을 휘저어 익혀 줍니다.
6) 팬에 썬 토마토를 넣고 모든 것을 함께 섞어 줍니다.

해설

1 첫 번째 단계에서는 계란을 우유와 간장 각각 두 큰술과 함께 섞어 주어야 한다.
2 세 번째 단계에서는 프라이팬에 올리브유를 넣고 팬을 달궈 주어야 한다.
3 다섯 번째 단계에서는 팬에 계란과 소금 조금을 넣은 후 계란을 휘저어 익혀 주어야 한다.

Vocabulary Practice

A

정답

1 green onion
2 scramble
3 delicious
4 chop

B

정답

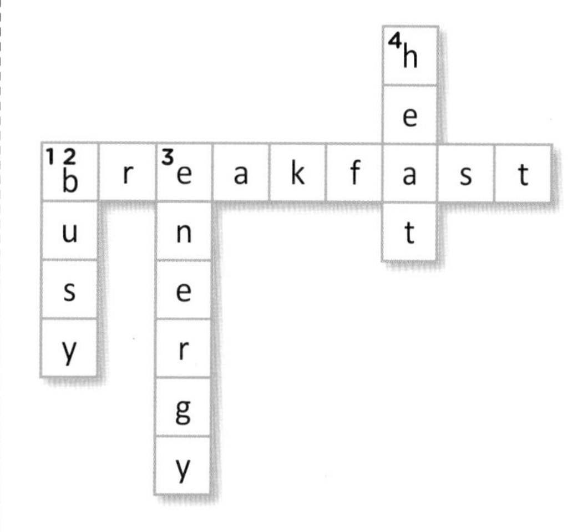

Unit 14

Which Schedule Do You Prefer?

지문 해석

공지

우리는 다음 달 강원도로 체험학습을 계획하고 있습니다. 우리는 체험학습을 위한 두 가지 일정을 만들었습니다. 학교 인터넷 사이트에 접속해서 여러분이 선호하는 일정을 골라 주세요.

일정 A: 평창–정선			일정 B: 강릉–정선		
시간	장소	활동	시간	장소	활동
10:00 – 12:00	대관령 양떼 목장	• 양과 사진 찍기 • 어린 양 먹이주기	10:00 – 11:00	경포 해변	• 해변 걷기
			11:00 – 12:00	경포 수족관	• 바다 동물 관찰하기
12:00 – 13:00	식당	• 메밀 요리가 나오는 점심식사	12:00 – 13:00	식당	• 두부 요리가 나오는 점심식사
14:00 – 15:00	백룡 동굴	• 안내자와 함께 동굴 여행하기	14:00 – 15:00	솔향 소나무 공원	• 친구들과 자연 즐기기
16:00 – 17:00	정선	• 레일 바이크 타기	16:00 – 17:00	정선	• 레일 바이크 타기

찬수: 지원아, 안녕. 우리 학교 체험학습에 대한 공지사항 봤니? 너는 어떤 일정을 선호하니?

지원: 글쎄, 나는 일정 A를 선호해. 나는 정말로 농장에 있는 귀엽고 조그만 양들에게 먹이를 줘보고 싶어. 너는 어떠니?

찬수: 나는 일정 B가 더 좋아. 나는 수족관에 특별한 바다 동물들이 많다고 들었거든. 나는 정말로 그것들을 보고 싶어.

지원: 아, 그렇구나. 나는 우리 체험학습이 어떤 일정이든지 정말 재미있을 것 같아!

어휘

schedule 일정
prefer 선호하다
notice 공지
plan 계획하다
field trip 체험학습
different 다른
log onto (인터넷 사이트에) 접속하다
choose 고르다
feed 먹이를 주다
cave 동굴
tour 여행
guide 안내자
ride (탈것을) 타다
aquarium 수족관
observe 관찰하다
enjoy 즐기다

Keywords

1 일정

A: 이번 주말에 나랑 영화 보러 갈래?

B: 글쎄, 내 일정 먼저 확인해 볼게.

2 수족관

A: 우리가 수족관에서 뭘 볼 수 있지?

B: 수족관에는 여러 색깔의 많은 바다 동물들이 있어. 우리는 그것들을 즐길 수 있어.

After You Read

정답

1 True
2 False
3 False

해석

1 학생들은 체험학습을 어디로 갈지 선택할 수 있다.
2 레일 바이크 타기는 한 가지 일정에서만 가능하다.

3 지원이는 많은 바다 동물들을 보고 싶어서 일정 B를 고르고 싶어 한다.

해설

1 Please log onto the school website and choose the one you prefer.에서 확인할 수 있듯이, 학생들은 두 가지 일정 중 하나를 선택할 수 있으므로 맞는 내용이다.

2 본문의 일정표를 보면 레일 바이크 타기는 일정 A와 일정 B 둘 모두에서 가능하다.

3 바다 동물들을 보고 싶어서 일정 B를 고르고 싶어 하는 친구는 찬수이다.

B

정답

1 Farm

2 tour

3 sea

4 nature

해석

일정 A				
장소	대관령 양떼 목장	식당	백룡동굴	정선
활동	어린 양 먹이주기	점심	안내자와 함께 동굴 여행하기	레일 바이크 타기

일정 B					
장소	경포 해변	경포 수족관	식당	솔향 소나무 공원	정선
활동	해변 걷기	바다 동물 관찰하기	점심	친구들과 자연 즐기기	레일 바이크 타기

해설

본문에 나온 일정표와 일치하도록 빈칸을 채워 완성한다.

Vocabulary Practice

A

정답

l	a	v	b	n	y	r	n
o	b	s	e	r	v	e	o
k	g	r	a	s	s	j	t
o	u	w	e	r	t	u	i
u	i	h	j	k	i	u	c
i	d	t	c	a	l	y	e
g	e	m	n	q	w	e	u
e	q	c	h	o	o	s	e

1 고르다 choose

2 안내자 guide

3 공지 notice

4 관찰하다 observe

B

정답

1 cave: 동굴

2 feed: 먹이를 주다

3 ride: (탈것을) 타다

4 trip: 여행

Unit 15

Various Houses Around the World

지문 해석

세계에는 많은 나라들이 있습니다. 각 나라는 세계의 다른 부분에 위치해 있습니다. 날씨와 환경 또한 달라서, 이것이 사람들이 자신들의 집을 짓는 방식에 영향을 주었습니다. 여기 국가들과 그 국가들의 전통가옥에 대한 두 가지 예시가 있습니다.

1. 그리스

그리스는 지중해와 해안을 접하고 있습니다. 그리스의 날씨는 덥고 건조하며 햇빛은 매우 강합니다. 그래서 그리스 전통가옥은 강력한 햇빛을 막기 위해 창문이 작고 벽이 두껍습니다. 또한, 안에 있는 사람들이 시원함을 유지하기 위해 벽을 흰색으로 칠하는데, 이는 흰색이 햇빛을 잘 반사하기 때문입니다.

2. 베트남

베트남은 매우 덥고 습한 나라입니다. (베트남) 사람들은 해변가나 강에 집을 짓곤 하였습니다. 물 위에 있는 집은 열을 식힐 수 있습니다. 또 모기와 같은 벌레들도 적습니다. 더욱이, 이런 집에 살고 있는 사람들은 바다나 강에서 낚시를 해 음식을 쉽게 구할 수도 있습니다.

어휘

various 다양한
country 나라
each 각각의
locate 위치시키다
globe 세계
weather 날씨
affect 영향을 미치다
build 짓다, 건축하다
example 예시
traditional 전통적인
coast 해안
sunlight 햇빛
thick 두꺼운
block 막다
stay 유지하다
reflect 반사하다
humid 습한
seashore 해변가
cool down (열을) 식히다
less 더 적은
bug 벌레
mosquito 모기
what's more 더욱이
fish 낚시하다

Keywords

1 **다양한**
1) 우리 정원에는 다양한 식물들이 있다.
2) 이 수프는 다양한 종류의 해산물로 만들어졌다.

2 **세계**
1) 남자는 세계 곳곳을 여행했다.
2) 세계에 있는 많은 사람들이 한국 문화를 즐긴다.

After You Read

정답

1 windows
2 walls

3 rivers
4 fishing

해석

그리스의 전통가옥	베트남의 전통가옥
• 창문이 작다. • 벽이 두껍고 하얀색이다.	• 해변가나 강에 지어진다. • 전통가옥에 사는 사람들은 낚시를 함으로써 음식을 구할 수 있다.

해설

본문에 따르면, 그리스의 전통가옥은 덥고 건조하며 햇빛이 강한 그리스의 날씨로 인해 창문이 작고 벽은 두껍고 하얀색이다. 한편, 베트남의 전통가옥은 덥고 습한 날씨로 인해 해변가나 강에 지어지고, 이곳에 사는 사람들은 낚시를 해서 음식을 쉽게 구할 수 있다.

B

정답

1 dry, sunlight
2 bugs, mosquitoes

해석

1 A: 그리스의 날씨는 어떤가요?
B: 덥고 건조하며 햇빛이 매우 강합니다.
2 A: 베트남 전통가옥의 좋은 점 중 하나는 무엇인가요?
B: 모기와 같은 벌레들이 적습니다.

해설

본문에 따르면, 그리스는 덥고 건조하며 햇빛이 강하다고 했다. 한편, 베트남의 전통가옥은 열을 식혀줄 뿐만 아니라 모기와 같은 벌레들도 막아줄 수 있다.

Vocabulary Practice

A

정답

(순서 상관없음)

1 bug	firefly	ladybug
2 cool down	air conditioner	fan
3 country	Brazil	Italy
4 strong	muscle	powerful

해설

(1) bug는 '벌레', '곤충'이라는 뜻으로, firefly(반딧불이)와 ladybug(무당벌레)와 관련이 깊다.
(2) cool down은 '(열을) 식히다'라는 뜻으로, air conditioner(에어컨)와 fan(선풍기)과 관련이 깊다.
(3) country는 '나라'라는 뜻으로, Brazil(브라질)과 Italy(이탈리아)와 관련이 깊다.
(4) strong은 '힘이 센'이라는 뜻으로, muscle(근육)과 powerful(강력한)과 관련이 깊다.

B

정답

배열 전	배열 후	그림 번호
loctade	located	(3)
sesahoer	seashore	(1)
sunilhgt	sunlight	(4)
traidintoal	traditional	(2)

Unit 16

Book Reviews from Readers

지문 해석

영상 제작의 모든 것	– 짧은 영상 제작을 위한 쉬운 안내서 – "직접 짧은 영상을 제작하고 싶다면, 지금 당장 이 책을 펼치세요!"

이름: 정민 / 점수: ★★★★☆

평가: 이 책은 짧은 영상을 제작하는 방법을 배우는 데 매우 유용합니다. 이 책에 있는 대부분의 조언들은 따라 하기 쉽습니다. 영상 편집을 위한 많은 프로그램을 사용하는 방법을 알게 되었습니다.

이름: 윤정 / 점수: ★★★☆☆

평가: 저는 전에 한 번도 짧은 영상을 제작한 적이 없습니다. 몇 단원은 괜찮지만 다른 단원들은 이해하기에 조금 어렵습니다. 저는 이 책에 그림이 충분하다고 생각하지 않습니다. 제가 생각하기에 저는 초보자용 책을 먼저 읽어야 할 필요가 있습니다. 그런 다음 이 책을 다시 읽겠습니다.

이름: 현지 / 점수: ★★☆☆☆

평가: 이 책은 읽기에 쉬웠습니다. 저는 이미 몇 개의 짧은 영상을 스스로 만들어 본 적이 있기 때문에 이 책에 있는 어떤 것도 제게 새롭지 않았습니다. 하지만 가격은 좋습니다. 꽤 합리적입니다.

이름: 성준 / 점수: ★★★★★

평가: 이 책은 제게 완벽합니다. 저는 일상생활 브이로그를 제작할 계획인데, 이 책이 정말 도움이 됩니다. 이 책은 자막을 제작하는 방법도 포함하고 있습니다. 저는 이 책을 제 친구들에게 추천할 겁니다.

어휘

review 서평, 후기
reader 독자
video clip 짧은 영상
score 점수
comment 평가, 코멘트
useful 유용한
learn 배우다
follow 따라 하다
edit 편집하다
chapter 단원
understand 이해하다
enough 충분한
beginner 초보자
already 이미
a couple of 두어 개의, 몇 개의
by myself 나 스스로
price 가격
quite 꽤
reasonable 합리적인
perfect 완벽한
daily life 일상생활
helpful 도움이 되는
include 포함하다
subtitle 자막
recommend 추천하다

Keywords

1 유용한

A: 케이크 굽는 것에 대한 유용한 정보를 어떻게 구할 수 있을까?

B: 인터넷을 검색해 보는 건 어때? 너를 도와줄 수

있는 유용한 웹사이트가 많아.

2 추천하다

A: 중국집 한 곳 추천해 줄 수 있니?

B: 셰프 창! 많은 사람들은 그 식당의 딤섬(만두) 때문에 그 식당을 추천해.

After You Read

정답

1 c

2 b

3 a

4 d

해석

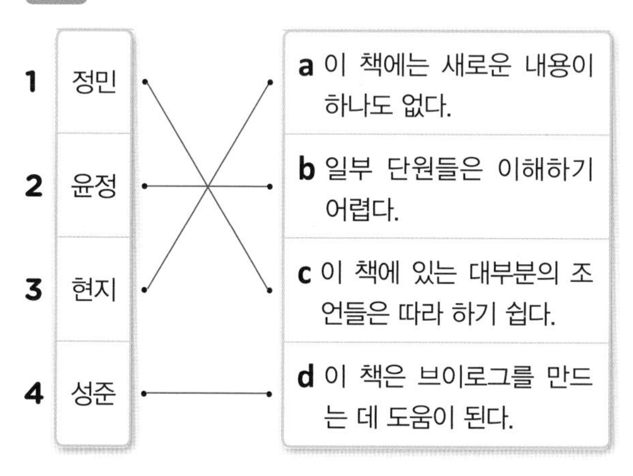

1 정민
2 윤정
3 현지
4 성준
a 이 책에는 새로운 내용이 하나도 없다.
b 일부 단원들은 이해하기 어렵다.
c 이 책에 있는 대부분의 조언들은 따라 하기 쉽다.
d 이 책은 브이로그를 만드는 데 도움이 된다.

해설

1 정민이는 이 책에 나오는 조언들이 대부분 따라 하기 쉽다고 느꼈다.

2 윤정이는 일부 단원들은 이해하기 어렵다고 생각한다.

3 현지는 이 책에 새로운 내용이 전혀 없다고 생각한다.

4 성준이는 일상생활 브이로그를 찍을 계획이며, 이 책이 그 계획에 도움이 된다고 생각한다.

정답

1 programs

2 pictures

해석

1 A: 정민이는 이 책에서 무엇을 배웠나요?

B: 정민이는 영상 편집을 위한 많은 프로그램들을 사용하는 방법을 배웠습니다.

2 A: 윤정이는 이 책에 대해 어떻게 생각하나요?

B: 윤정이는 이 책에 충분한 그림이 없다고 생각합니다.

해설

본문의 I came to know how to use many programs for editing videos.로 보아 정민이는 영상 편집을 위한 많은 프로그램 사용법을 배웠고, I don't think the book has enough pictures.로 보아 윤정이는 이 책에 그림이 충분하지 않다고 생각한다.

Vocabulary Practice

정답

1 edit: 편집하다

2 price: 가격

3 enough: 충분한

4 follow: 따라 하다

정답

1 subtitles

2 reasonable
3 reviews
4 helpful

Unit 17 Jeongwon's Money Diary

지문 해석

날짜	자세한 내용	수입(원)	지출(원)	잔고(원)
12/1	지난달에서 넘어온 돈	30,000		30,000
12/5	한 달 용돈	50,000		80,000
12/6	저축		20,000	60,000
12/8	새 필통		5,000	55,000
12/10	방과 후 간식 (떡볶이)		5,000	50,000
12/15	남동생 생일 선물로 산 티셔츠		15,000	35,000
12/20	설거지를 해서 추가로 번 돈	2,000		37,000
12/23	크리스마스 엽서 한 장		3,000	34,000
12/28	친구와 함께 영화 & 팝콘		12,000	22,000
합계		82,000	60,000	22,000

나는 이번 달에 새 필통을 샀다. 나는 새 필통의 디자인이 마음에 든다. 또, 남동생이 생일 선물로 티셔츠를 마음에 들어 해서 기쁘다. 그 티셔츠는 원래 2만 원이었는데, 나는 할인 받아서 그 티셔츠를 샀다. 친구랑 영화를 보는데 돈을 너무 많이 썼다고 생각한다. 나는 새 이어폰을 사고 싶기 때문에 다음 달에는 더 많은 돈을 저축해야 한다. 집안일도 더 많이 도와야 한다고 생각한다.

어휘

money diary 용돈기입장
date 날짜
detail 자세한 내용
income 수입
spend (돈을) 쓰다
balance 잔고, 남은 돈
monthly 매월의
allowance 용돈
save 저축하다
pencil case 필통
snack 간식
gift 선물
extra 추가적인
postcard 엽서
glad 기쁜
originally 원래
on sale 할인 중인
since ~이기 때문에
housework 집안일

Keywords

1 용돈

1) 그는 부모님으로부터 용돈을 더 많이 받고 싶어 한다.

2) 나는 내 한 주 용돈을 이틀 만에 다 써버렸다.

2 (돈을) 쓰다

1) 용돈기입장은 네가 매일매일 돈을 얼마나 쓰는지

를 보여준다.

2) 나는 종종 새 옷에 돈을 너무 많이 쓴다.

After You Read

정답

1 pencil
2 gift
3 dishes
4 friend

해석

12월에 정원이의 용돈은 50,000원이었다. 정원이는 한 달 용돈을 받은 다음 날 20,000원을 저축했다. 12월 8일에는 새 필통을 샀다. 12월 10일에는 학교가 끝난 뒤 떡볶이를 먹었다. 그는 또한 12월 15일에 남동생 생일 선물로 티셔츠를 하나 샀다. 12월 20일에는 설거지를 해서 2,000원을 받았다. 그는 또한 크리스마스를 준비하기 위해 크리스마스 이틀 전에 엽서를 샀다. 12월 28일에는 친구와 함께 영화를 보고 팝콘을 먹는 데 12,000원을 썼다.

해설

본문의 용돈기입장 표의 내용과 일치하도록 알맞은 단어를 넣어 완성한다.

B

정답

1 design
2 too
3 much
4 earphones

해석

한 달 소비에 대한 정원이의 생각		다음 달 계획
☺	☹	
• 새 필통: 디자인이 마음에 든다. • 남동생을 위한 티셔츠: 남동생이 선물을 좋아했고, 할인된 가격에 샀다.	영화와 팝콘: 돈을 너무 많이 쓴 것 같다.	새 이어폰을 사고 싶다. 그래서 더 많은 돈을 저축하고 집안일을 더 많이 도우려고 노력할 것이다.

해설

정원이는 새로 산 필통의 디자인이 마음에 들어 만족스러워 한다. 남동생 생일 선물로 산 티셔츠도 남동생이 마음에 들어 했고, 또 할인된 가격에 구매해서 만족한다. 하지만 영화를 보는 데 돈을 너무 많이 쓴 것 같다고 생각한다. 새 이어폰을 사기 위해 저축을 늘리고 집안일을 더 많이 도와 돈을 더 받기로 다짐하고 있다.

Vocabulary Practice

A

정답

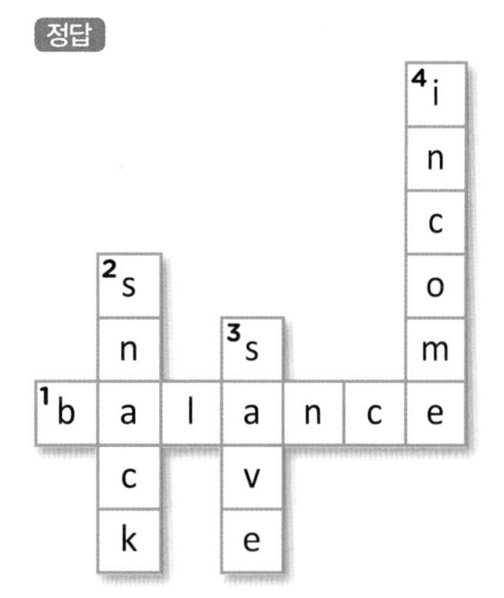

B

정답

(순서 상관없음)

1 housework	cooking	doing laundry
2 month	December	October
3 movie	actor	scene
4 on sale	a cheaper price	discount

해설

(1) housework는 '집안일'이라는 뜻으로, cooking(요리)과 doing laundry(빨래)와 관련이 깊다.

(2) month는 '달, 월'이라는 뜻으로, December(12월)와 October(10월)와 관련이 깊다.

(3) movie는 '영화'라는 뜻으로, actor(배우)와 scene(장면)과 관련이 깊다.

(4) on sale은 '할인 판매 중인'이라는 뜻으로, a cheaper price(더 저렴한 가격)와 discount(할인)와 관련이 깊다.

Unit 18 Suffering Animals

지문 해석

여러분, 모두 안녕하세요! 저는 *일일 동물 뉴스*의 제비 기자입니다. 여러분들이 알고 있듯이, 기후 변화가 우리들의 삶에 매우 많은 영향을 미치고 있습니다. 오늘 몇몇 동물 가족들을 초대해서 그들의 목소리를 들어보도록 하겠습니다. 첫 번째 손님인 북극곰 씨를 반갑게 맞이해 주시기 바랍니다!

우린 지금 너무 피곤하고 배가 고픕니다. 제 가족 중 아무도 지난주에 먹을 것을 찾을 수 없었어요.

아, 세상에! 틀림없이 정말 배가 고프고 피곤하겠군요. 무슨 일이 일어난 거죠? 당신의 상황에 대해서 우리에게 더 알려주세요.

우리 집 주변의 얼음이 녹고 있습니다. 지구가 점점 더 따뜻해지기 때문이지요. 우리 가족은 사냥을 하기 위해 오랫동안 수영을 해야 합니다. 이것이 우리를 피곤하게 만들죠.

끔찍하군요! 당신의 가족이 사냥에 성공하고 건강을 회복하기를 바랍니다. 우리에게 당신의 이야기를 말해줘서 고맙습니다, 북극곰 씨.

감사합니다.

이제 짧은 휴식시간 뒤에, 우리들의 두 번째 손님인 거북이 씨를 만나보도록 합시다. 거북이 씨는 복통으로 고통 받고 있는데요. 뭐가 잘못된 걸까요? 채널을 고정하고 그녀의 이야기를 들어보세요.

어휘

suffer 고통 받다
reporter 기자
swallow 제비
climate 기후
affect 영향을 미치다
invite 초대하다
guest 손님
hungry 배고픈
situation 상황
melt 녹다

terrible 끔찍한
succeed in ~에 성공하다
recover 회복하다
health 건강
break 휴식시간
stomachache 복통

Keywords

1 고통 받다

1) 요즘 세계의 많은 사람들이 나쁜 공기의 질로 인해 고통 받는다.

2) 만약 네가 두통으로 고통 받고 있다면, 병원에 가 봐야 해.

1 기후

1) 이 식물은 건조한 기후에서 잘 자란다.

2) 어떤 새들은 겨울을 나기 위해 따뜻한 기후인 남쪽으로 날아간다.

After You Read

A

정답

1 animals
2 family
3 Earth

해석

1 제비 기자는 세계에 살고 있는 동물들을 만난다.

2 *일일 동물 뉴스*의 첫 번째 손님은 한 북극곰 가족의 아빠이다.

3 지구가 점점 따뜻해져서 북극곰 씨 집 주변의 얼음이 녹고 있다.

해설

1 제비 기자는 세계 곳곳에 있는 동물들을 만나 기후 변화가 동물들의 삶에 어떤 영향을 미치는지 알려주고자 한다.

2 *일일 동물 뉴스*의 첫 번째 손님은 북극곰 가족의 아빠이다.

3 지구가 점점 따뜻해지면서 북극 주변의 얼음이 녹아 북극곰 가족이 고통을 겪고 있다.

B

정답

1 swim, hunt
2 Mrs. Turtle

해석

1 A: 북극곰 가족을 피곤하게 만드는 것은 무엇인가요?
B: 그들은 사냥을 하기 위해 오랫동안 헤엄을 쳐야 합니다.

2 A: *일일 동물 뉴스*의 두 번째 손님은 누구입니까?
B: 그 프로그램의 두 번째 손님은 거북이 씨입니다.

해설

1 북극곰 씨 집 주위의 얼음이 점점 녹아서 사냥을 하려면 오랫동안 헤엄을 쳐야 한다.

2 두 번째 손님은 복통으로 힘들어 하고 있는 거북이 씨이다.

Vocabulary Practice

A

정답

1 stomachache

2 break
3 recover
4 melt

B

정답

1 u, e, 손님
2 f, f, t, 영향을 미치다
3 c, c, d, 성공하다
4 s, u, i, n, 상황

Unit 19 The Science of Black and White Lines

지문 해석

여러분들은 책 뒤표지에서 무엇을 볼 수 있나요? 그래요, 맞습니다. 검정색 줄과 흰색 줄, 그리고 몇 개의 숫자가 있죠. 이 검정색 줄과 흰색 줄이 바코드라고 불리는 것을 구성합니다. 바코드는 우리가 가게에서 살 수 있는 모든 상품에 있습니다. 상품의 이름표와 같은 것이지요. 바코드는 상품을 만든 회사, 혹은 상품의 종류와 같은 정보를 포함하고 있습니다.

바코드의 정보를 어떻게 읽을 수 있을까요? 비밀은 바코드 줄의 색깔에 있습니다. 흰색 줄은 검정색 줄보다 빛을 훨씬 더 많이 반사합니다. 바코드 판독기가 바코드에 빛을 쏘아서 얼마나 많은 빛이 반사되어 돌아오는지 알아냅니다. 바코드 판독기는 흰색 줄을 '0'으로, 검정색 줄을 '1'로 읽습니다. 즉, 검정색 줄과 흰색 줄은 이어지는 '0'과 '1'로 바뀌게 되는 것이죠.

QR 코드는 바코드의 개선된 형태입니다. QR 코드 안에는 줄이 아니라 조그만 검정색 및 흰색 사각형이 들어 있습니다. QR 코드는 바코드보다 더 많은 데이터를 포함할 수 있습니다.

어휘

science 과학
number 숫자
make up 구성하다
call 부르다
item 상품
store 가게, 상점
name tag 이름표
include 포함하다
information 정보
such as ~와 같은
company 회사
type 종류
secret 비밀
reflect 반사하다
shoot (빛 등을) 쏘다
figure out 알아내다
that is 즉
a series of 이어지는, 일련의
upgraded 개선된, 더 나아진
square 사각형

Keywords

1 반사하다

A: 달은 어떻게 저렇게 밝을 수 있을까?
B: 달은 햇빛을 반사하기 때문에 밝아.

2 알아내다

A: 너 새로운 스마트폰 받았니?

B: 응, 하지만 나는 이걸 어떻게 사용하는지 알아내야 해.

After You Read

정답

1 False

2 False

3 True

해석

1 바코드는 회사에 대한 정보를 포함하지 않는다.

2 바코드 판독기는 검정색 줄을 '0'으로, 흰색 줄을 '1'로 읽는다.

3 QR 코드에는 검정색과 흰색의 조그만 사각형들이 있다.

해설

1 본문의 It includes information such as the company name or the type of the item.으로 보아 문제에서 주어진 문장은 옳지 않다.

2 The bar code reader reads white lines as "0" and black lines as "1."으로 보아 검정색 줄과 흰색 줄에 대한 설명이 바뀌었음을 알 수 있다.

3 본문에 Inside a QR code are small black and white squares, not lines.가 있으므로 문제에서 주어진 문장은 옳은 내용이다.

B

정답

1 What can you see on the back cover of a book?

2 White lines reflect much more light than black lines do.

3 A QR code is an upgraded version of a bar code.

Vocabulary Practice

정답

1 e, 상품

2 k, p, 구성하다

3 n, m, g, 이름표

4 n, r, t, n, 정보

B

정답

l	a	v	b	n	y	r	u
i	n	c	l	u	d	e	p
k	u	r	a	s	s	j	g
o	m	w	e	h	t	u	r
u	b	h	j	o	i	u	a
i	e	t	c	o	l	y	d
e	r	m	n	t	w	e	e
g	q	h	c	o	s	e	d

1	포함하다	include
2	숫자	number
3	(빛 등을) 쏘다	shoot
4	개선된	upgraded

Unit 20 Congratulations on Your Graduation!

지문 해석

효빈이에게

효빈아, 안녕. 너의 가장 친한 친구 상진이야! 올 한 해 동안 우리가 같은 반에서 지낼 수 있었기 때문에 정말 기뻐. 함께 점심을 먹고 축구를 하는 게 최고였어. 이번 여름에 축구 경기를 하다가 내가 다리를 다쳤던 때 기억나? 네가 나를 보건실까지 부축해줬잖아. 도와줘서 다시 한 번 고마워. 그나저나, 중학교에서 행운을 빌어. 나는 네가 잘 할 거라고 확신해.

상진이가

보영이에게

보영아, 안녕. 졸업 축하해! 좋은 반장이 되어 주어서 고마워. 넌 항상 모든 사람들의 의견을 존중했어. 나는 너한테 상대방에게 귀 기울이는 방법에 대해 많이 배웠단다. 넌 우리 교실에 있는 로즈마리도 잘 보살펴 주었지. 네 덕분에 로즈마리는 잘 자라고 있어. 나는 네가 중학교 생활을 즐기길 바라. 계속 연락하자.

효빈이가

종윤이에게

종윤아 안녕. 올 한 해 우리는 이야기를 많이 했어, 왜냐하면 네가 자주 내 수학 공부를 도와주었기 때문이지. 네 덕분에 이제 나는 수학을 좋아해. 넌 나한테 미래에 수학 선생님이 되고 싶다고 했었잖아, 그렇지? 나는 네가 좋은 수학 선생님이 될 거라고 100% 확신해. 몸조심하고 또 보자!

보영이가

어휘

congratulation 축하(주로 congratulations의 형태로 쓰임)
graduation 졸업
spend 시간을 보내다
together 함께
remember 기억하다
match 경기
nurse's office 보건실
by the way 그나저나
class president 반장
respect 존중하다, 존경하다
opinion 의견
take care of ~를 보살피다
classroom 교실
thanks to ~ 덕분에
keep in touch 연락하고 지내다
often 자주, 흔히
future 미래

Keywords

1 축하

A: 지수야, 영어 대회에서 우승한 것 축하해!

B: 축하해줘서 고마워! 너는 정말 착하구나!

2 졸업

A: 너는 졸업 후에 뭘 하고 싶니?

B: 잠시 여행을 하고 그 다음 일자리를 찾고 싶어.

After You Read

정답

1 False

2 False

3 True

해석

1 효빈이와 상진이는 농구를 함께 했다.

2 보영이는 그녀의 교실에 있는 장미들을 잘 돌보았다.

3 보영이는 종윤이가 좋은 수학 선생님이 될 것이라고 생각한다.

해설

1 Eating lunch and playing soccer together was the best.로 보아, 효빈이와 상진이는 농구가 아닌 축구를 함께했다.

2 You also took good care of the rosemary in our classroom.으로 보아 보영이는 장미가 아닌 로즈마리를 돌보았다.

3 I am 100% sure you will be a good math teacher.에서 확인할 수 있듯이 보영이는 종윤이가 좋은 수학 선생님이 될 것이라고 확신하고 있으므로 맞는 문장이다.

B

정답

1 leg

2 everyone's

3 opinions

4 math

해석

상진	→	효빈	상진이는 효빈이에게 고마워하기를 원하는데 상진이가 다리를 다쳤을 때 효빈이가 보건실까지 부축해 주었기 때문이다.
효빈	→	보영	효빈이는 보영이에게 고마워하기를 원하는데 보영이가 훌륭한 반장이었고, 항상 모든 사람들의 의견을 존중했기 때문이다.
보영	→	종윤	보영이는 종윤이에게 고마워하기를 원하는데 종윤이가 보영이의 수학 공부를 도와주었기 때문이다.

해설

본문의 편지를 보면, 상진이는 자신이 다리를 다쳤을 때 효빈이가 보건실까지 부축해 주었기 때문에 고마워한다. 효빈이는 보영이가 반장으로서 모든 사람들의 의견을 존중했기 때문에 고마워한다. 또, 보영이는 종윤이가 수학 공부를 도와주었기 때문에 고마운 마음을 갖고 있다.

Vocabulary Practice

정답

배열 전	배열 후	그림 번호
clssaoomr	classroom	(3)
enyoj	enjoy	(1)
opninio	opinion	(4)
repsetc	respect	(2)

B

정답

1 office
2 president
3 learn
4 match

EBS랑 홈스쿨 초등 영어

HOME SCHOOL

초등 영독해 LEVEL 3

정답과 해설

EBS와 함께하는

자기주도 학습 초등·중학 교재 로드맵

예비 초등 | 1학년 | 2학년 | 3학년 | 4학년 | 5학년 | 6학년

전과목 기본서/평가

- BEST 만점왕 국어/수학/사회/과학 — 교과서 중심 초등 기본서
- 만점왕 통합본 학기별(8책) HOT — 바쁜 초등학생을 위한 국어·사회·과학 압축본
- 만점왕 단원평가 학기별(8책) — 한 권으로 학교 단원평가 대비
- 기초학력 진단평가 초2~중2 — 초2부터 중2까지 기초학력 진단평가 대비

국어

- 독해: 4주 완성 독해력 1~6단계 — 학년별 교과 연계 단기 독해 학습
- 문학
- 문법
- 어휘: 어휘가 독해다! 초등 국어 어휘 1~2단계 — 1, 2학년 교과서 필수 낱말 + 읽기 학습
- 어휘: 어휘가 독해다! 초등 국어 어휘 기본 — 3, 4학년 교과서 필수 낱말 + 읽기 학습
- 어휘: 어휘가 독해다! 초등 국어 어휘 실력 — 5, 6학년 교과서 필수 낱말 + 읽기 학습
- 한자: 참 쉬운 급수 한자 8급/7급 II/7급 — 한자능력검정시험 대비 급수별 학습
- 한자: 어휘가 독해다! 초등 한자 어휘 1~4단계 — 하루 1개 한자 학습을 통한 어휘 + 독해 학습
- 쓰기: 참 쉬운 글쓰기 1-따라 쓰는 글쓰기 — 맞춤법·받아쓰기로 시작하는 기초 글쓰기 연습
- 쓰기: 참 쉬운 글쓰기 2-문법에 맞는 글쓰기/3-목적에 맞는 글쓰기 — 초등학생에게 꼭 필요한 기초 글쓰기 연습
- 문해력: 어휘/쓰기/ERI독해/배경지식/디지털독해가 문해력이다 — 평생을 살아가는 힘, 문해력을 키우는 학기별·단계별 종합 학습
- 문해력: 문해력 등급 평가 초1~중1 — 내 문해력 수준을 확인하는 등급 평가

영어

EBS ELT 시리즈 | 권장 학년 : 유아 ~ 중1

- EBS Big Cat — Collins BIG CAT — 다양한 스토리를 통한 영어 리딩 실력 향상
- EBS Big Cat — Shinoy and the Chaos Crew — 흥미롭고 몰입감 있는 스토리를 통한 풍부한 영어 독서
- EBS easy learning — easy learning — 저연령 학습자를 위한 기초 영어 프로그램

- 독해: EBS랑 홈스쿨 초등 영독해 Level 1~3 — 다양한 부가 자료가 있는 단계별 영독해 학습
- 독해: EBS 기초 영독해 — 중학 영어 내신 만점을 위한 첫 영독해
- 문법: EBS랑 홈스쿨 초등 영문법 1~2 — 다양한 부가 자료가 있는 단계별 영문법 학습
- 문법: EBS 기초 영문법 1~2 HOT — 중학 영어 내신 만점을 위한 첫 영문법
- 어휘: EBS랑 홈스쿨 초등 필수 영단어 Level 1~2 — 다양한 부가 자료가 있는 단계별 영단어 테마 연상 종합 학습
- 쓰기
- 듣기: 초등 영어듣기평가 완벽대비 학기별(8책) — 듣기 + 받아쓰기 + 말하기 All in One 학습서

수학

- 연산: 만점왕 연산 Pre 1~2단계, 1~12단계 — 과학적 연산 방법을 통한 계산력 훈련
- 개념
- 응용: 만점왕 수학 플러스 학기별(12책) — 교과서 중심 기본 + 응용 문제
- 심화: 만점왕 수학 고난도 학기별(6책) — 상위권 학생을 위한 초등 고난도 문제집
- 특화: 초등 수해력 영역별 P단계, 1~6단계(14책) — 다음 학년 수학이 쉬워지는 영역별 초등 수학 특화 학습서

사회

- 사회/역사: 초등학생을 위한 多담은 한국사 연표 — 연표로 흐름을 잡는 한국사 학습
- 사회/역사: 매일 쉬운 스토리 한국사 1~2/스토리 한국사 1~2 — 하루 한 주제를 이야기로 배우는 한국사/고학년 사회 학습 입문서

과학

- 과학

기타

- 창체: 창의체험 탐구생활 1~12권 — 창의력을 키우는 창의체험활동·탐구
- AI: 쉽게 배우는 초등 AI 1(1~2학년) — 초등 교과와 융합한 초등 1~2학년 인공지능 입문서
- AI: 쉽게 배우는 초등 AI 2(3~4학년) — 초등 교과와 융합한 초등 3~4학년 인공지능 입문서
- AI: 쉽게 배우는 초등 AI 3(5~6학년) — 초등 교과와 융합한 초등 5~6학년 인공지능 입문서